JN419534

나저씨의 이혼일기

나저씨 지음

나저씨의 이혼일기

내 편이 사라졌다

언제나 네 편이 되어줄게

"이혼이라는 선물을 받아 든 어느 날, 나는 다시 나를 마주하게 되었다."

퇴근길 지하철에서 창밖을 바라보며 떠올렸던 장면이 있다. 평범하게 아내와 결혼해 가정을 꾸리고, 아이 웃음소리가 집 안을 채우는 그런 삶. 늦은 밤 소파에 앉아 아내와 소곤소곤 오늘 하루를 나누며 마무리하는, 그 흔하디흔한 일상의 행복을 꿈꿨다. 별다른 욕심이 아니었다. 누구나 품는 소소한 바람이었을 뿐이다. 통계청 자료를 보면 2024년 혼인 건수는 22만 2천 건으로 전년 대비 14.8% 증가했다고 한다. 반면 이혼 건수는 9만 1천 건으로 전년 대비 1.3% 감소했다. 숫자로만 보면 희망적인 신호처럼 보이지만, 여전히 우리 사회에서 이혼은 낯선 일이 아니다(주변에서도 심심치 않게 이혼 가정을 볼 수 있기 때문에). 그럼에도 이혼 당사자 중 한 사람인 남자의 목소리를 들을 길은 많지 않다. 그래서 남자도 여자 이상으로 이혼으로 아파하고 힘들어하며 고통스러워한다는 고백(?)의 목소리를 내고자 책을 쓰게 됐다.

인생은 언제나 우리가 짜놓은 계획의 선을 벗어난다. 내가 선택하지 않은 길 앞에, 마치 준비도 없이 서게 되는 날이 온다. 나에게 그날은 '이혼'이라는 두 글자로 찾아왔다. 결혼할 때는 한 번도 이혼을 생각해 본 적 없었다. 그런 일은 어디 뉴스나 드라마 속 남의 이야기이고, 나와는 거리가 먼 세상일이라고 믿었다. 그래서였을까. 이혼을 준비하는 시간보다, 이혼을 받아들이는 시간이 더 힘들었다. 이혼을 통해 법적으로 혼인이 해소되는 것은 하나의 절차일 뿐이었고 진짜 시간은 그 이후부터 시작되었다.

내 삶을 지탱하던 기둥들이 무너지고 나서야 보이는 것들이 있었다. 관계가, 감정이, 그리고 내가 얼마나 연약했는지를 그제야 알게 되었다. 깨달음이 꼭 희망적인 색깔이진 않았고, 그 깨달음이 가슴을 짓누르기도 했다. 밤을 지새우게도 했고, 아무 말도 하지 못한 채 한참을 분한 마음으로 멍하니 있게도 만들었다. 그렇게 이혼의 고통은 나를 서서히 망가뜨려 가고 있었다. 하지만 나는 부정적인 감정과 영향을 피하지 않기로 했다. 이혼을, 그 상처를, 그 모든 시간을 정면으로 마주하기로 했고, 이 책은 바로 그 여정의 솔직한 기록이다. 어쩌면 당신이 기대하는 따뜻한 위로의 말은 없을지도 모른다. "괜찮다"라거나 "시간이 지나면 다 낫는다"라는 흔한 위로도 조심스럽다. 이혼의 아픔은 시간만으로는 해결되지 않기 때문이다. 나는 그저 솔직해지고 싶었다. 내 감정을 숨기지 않고, 남자이기 때문에 더 말하기 어려웠던 이야기들을 용기 내어 꺼내놓고 싶었다.

지금은 개인의 선택과 행복을 존중하는 시대다. 결혼도, 이혼도 더 이상 남의 시선을 의식해야 할 일만은 아니다. 하지만 그 변화 속에서도 여전히 누군가는 자신의 상처를 드러내는 일에 서툴다. 약해 보이면 안 된다는 무언의 압박감을 느끼는 건 아닌가 조심스럽게 생각해본다. 이 책을 통해, 나와 같은 경험이 있는 사람들이 조금이나마 위로를 얻는다면 좋겠다. '나만 이런 게 아니었구나'라는 생각만으로도, 버틸 힘을 얻게 되기를 바란다.

다시 한번 이야기하자면, 이 책은 이혼을 권하는 책도, 누군가를 원망하는 이야기도 아니다. '이혼 이후의 삶도 살아갈 수 있다'는 걸 보여주고 싶었던, 나의 조용한 기록이다. 아내의 꿈을 응원했고, 결국 이혼이라는 예기치 못한 선물을 받았지만, 그 선물의 포장지를 천천히 풀며 마주한 감정들, 그 안에서 발견한 삶의 조각들을 소중히 나누려고 한다. 지금, 이 페이지를 넘기는 여러분과 함께 소리 내어 말하지 못했던 나의 시간, 그 조각들을 나누고 싶다.

내 편이 사라졌다

주사위는 던져졌다, D-40

　　하루 일과를 마무리하고 집에 돌아왔는데 문 앞에 등기 배송 불가 안내 스티커가 붙어 있었다. 내가 회사에 출근하고 집에 아무도 없어서 등기를 전달하지 못하고 돌아간 것이다. '나에게 등기가 올 일이 없는데…' 의아해하면서 문에 붙어 있는 등기 안내 쪽지를 떼어 발송한 곳을 확인했다. 'ㅇㅇ지방법원'. 드디어 올 것이 온 것이다. 서류를 받고 태연하게 일할 자신이 없었기 때문에 난 다음 날 회사에 휴가를 내고 등기를 기다렸다. 그렇게 기다림 끝에 다음 날 ㅇㅇ지방법원에서 보내온 서류를 수령했다. 서류의 내용을 살펴보니, 역시 첫 문장에 이혼 조정일 XX월 XX일, 00시라고 적혀 있었다. 그렇게 나는 이혼을 위한 법원의 통지를 받았고 큰 감흥 없이 서류에 적힌 다음 내용들을 읽어 내려갔다.

등기서류를 받았을 당시 나는 서류상으로 아직 이혼하지 않은 상태였지만, 실제로는 이미 이혼한 것이나 다름없었다. 보통 이런 상황에서는 어느 한쪽이 바람이 피웠거나 빚을 졌거나 도박에 빠지는 등의 문제가 있을 것이라 생각하겠지만, 우리의 관계는 그런 것과는 전혀 관계가 없었다. 나는 한국에서 열심히 일하면서 아내의 국외 유학을 지원했고 아내는 해외에서 열심히 공부해서 원하는 학위를 취득했다. 하지만 학위 취득 후에 한국에 온 아내는 나와 한국에서 같이 살기를 거부했고, 그 이후에 머나먼 이국땅으로 혼자 떠나버린 상황이었다. 그렇다 보니 우리 사이에서 이혼하지 않고, '재결합' 한다는 것은 선택 가능한 옵션이 아니었다. 그래도 혼자 국내에 남은 나로서는 어떻게든 아내와 연락하여 마음을 돌리려 했지만, 이미 마음을 정한 아내는 나의 연락처 모두를 차단했다. 아내는 관계를 끝내는 데 있어 최악이자 가장 효율적인 방법을 선택한 것이다. 결국 난 다시 아내와 대화를 통해 잘 살아보겠다는 생각은 헛된 꿈이란 걸 받아들였고 아내와의 이혼을 결심했다. 그런데 국내에 없는 아내와 이혼하는 것도 쉬운 일은 아니었다. 다른 부부와 달리 서로 살고 있는 곳이 다른(한 명은 한국, 한 명은 해외) 우리 부부는 통상적인 합의 이혼이 불가능했다. 물론 배우자 한 명이 해외에 있어도 합의 이혼을 할 수 있는 절차가 있다고는 하지만, 실질적으로 그 절차대로 이혼 수속을 하는 것은 시간도 너무 많이 걸리고 법원에서도 접수를 해주려 하질 않았다. 그래서 변호사를 고용하여 조정 이혼의 형태로 이혼을 진행하기로 서로 합의했고, 그때가 등기서류를 받기 약 두 달 전이었다.

우리가 진행한 이혼한 절차는 좀 특이했는데 내가 고용한 변호사가 아내에게 연락해서, 아내로부터 이혼에 대한 위임장을 받았다. 그리고 나는 그 위임 받은 변호사와 이혼 수속을 밟았다. 이렇게 변호사를 고용하여 조정 이혼을 하면, 어떤 점이 좋을지 궁금해하는 사람이 있을 것 같아 간략히 짚고 넘어가자면 법원을 통한 조정 이혼의 장점은 숙려 기간이 없다는 것이다. 합의 이혼의 경우 이혼 신청서를 제출하면 되는데, 자녀가 있으면 3개월, 자녀가 없으면 1개월의 숙려 기간을 거쳐서 2차에 이혼을 확정한다. 하지만 조정 이혼은 이러한 숙려 기간 없이 바로 이혼이 결정이 된다는 장점이 있다. 연예인 중에서도 조정 이혼을 통해 이혼하는 경우를 자주 볼 수 있기에 그리 생소한 이혼 방법은 아니다. 하지만 장점이 있는 만큼 단점도 분명 존재한다. 조정 이혼의 경우 변호사를 통해 법원에서 진행하는 이혼이기에 행정적으로 많은 문서를 챙겨야 하는 단점이 있다. 그리고 재산 분할, 양육권 등에 대해 조정을 해야 하기 때문에 조정 이혼은 이 부분에서 가장 많은 시간이 소비되고, 감정 싸움도 많다. 또한 변호사를 선임해야 하기 때문에 변호사 선임비 등의 비용이 든다는 단점도 있다. 장점보다는 단점이 더 많은 것이 분명하지만, 지금 우리 부부의 이혼을 가장 빠르게 진행할 수 있는 방법으로 조정 이혼보다 나은 선택지가 없기에 우리는 조정을 통한 이혼을 진행하기로 했다.

　내가 진행한 조정 이혼의 절차를 간략히 적어보면 다음

과 같다. 우선, 상대측에서 이혼에 대한 요청을 법원에 제출한다. 그 후에 나는 상대방의 이혼 요구서 및 조건 등이 적힌 문서를 법원에서 등기로 받는다. 그리고 해당 내용에 대한 내 의견을 작성하여 등기로 법원에 회신을 보내면, 법원에서 최종 기일을 정해서 통보하는 식이었다. 이미 난 등기를 받기 한 달 전에 아내의 이혼 요구서 및 조건 등을 우편으로 수령했고, 나의 의견을 정리하여 법원에 제출했다. 그리고 내 의견을 정리하여 법원에 제출한 지 한 달 정도 지났는데도 별다른 소식이 없어 궁금해하던 차에 법원에서 최종 기일이 안내된 서류를 받은 것이다.

이제 주사위는 던져졌다. 사실 이혼을 진행하기 위해 법원에 신청하고 최종 기일을 받았지만 여전히 주저하고 있다. 이혼하는 건 기정사실이지만, 이혼하고 싶지 않은 마음도 공존했다. 아니, 솔직히는 이혼하면 내 인생은 그대로 실패한 인생으로 노년까지 살아갈 것이라고 생각했기 때문에 무서웠다. 이미 주위의 친구들은 아이까지 낳아서 살고 있는데 난 그들과 다른 삶을 산다는 것이 마치 내 인생은 실패한 것처럼 느껴졌고, 그런 부정적인 생각이 날 너무 괴롭혔다. 밖에 나가서 길을 걷다가 주위에 보이는 가족과 연인들을 보고 있으면 나의 결혼 실패가 인생의 실패로 느껴졌다. 당시 난 그들의 행복한 모습이 보기 싫었다. 그들의 행복한 모습과 비례하여, 나의 불행이 커지는 기분이 들었기 때문이다. 그래서 점점 더 밖에 나가는 걸 꺼리게 되고, 집에서만 시간을 보내는 폐인과 같은 생활을 했다(대략 일 년 가까이 그렇게 살았다). 그렇게 살면서도 계속 내가 잘못해서 이혼하게 된 것이라 자책하며, 모든 상황을 내 책임으로 돌렸다. 그때였던 것 같다. 공황장애가 재발한 것이…. 평범히 거리를 걷던 중, 갑자기 단전 밑에서부터 나도 모르는 울컥하는 감정이 올라오면 바로 숨이 가빠지고 머리가 어지러워져서, 어디든 앉아서 안정을 취하는 일이 반복적으로 시작된 시기가 말이다. 이런 상황이 지속되다보니 이혼을 하게 되면, 내 상태가 얼마나 더 나빠질지 예상할 수 없었고, 그 불확실성은 어느새 이혼을 준비하는 이 상황을 벗어나고 싶다는 강한 열망으로 바뀌었다. 부끄럽지만 이혼하기 싫었고, 혼자되는 것이 무서웠다. 그래서 법원을 통한 이혼 수속을 밟고 있지만, 지금이라도 되돌릴 수만 있다면, 다시 되돌리고 싶다는 바람을 가지고 하루하루를 살아갔다.

맥주 한캔이
땡기는 밤

나는 이미 이혼한 것이나 다름없었다.

후회

　아침에 눈을 뜨자마자 내 마음속에 후회의 감정이 몰려온다. 자주 있는 일이라 익숙하지만, 불쾌한 기분이 드는 건 어쩔 수 없는 것 같다. 후회의 감정은 언제나 비슷하다. "내가 이때 이랬으면, 이렇게 행동했더라면…… 조금 더 이해해 주고 사랑해 줬더라면… 양보했더라면……" 이런 생각들과 함께 후회하는 감정이 밀려왔다. 이렇듯 후회의 감정이 몰아칠 때면 내가 할 수 있는 일은 없다. 그저 후회의 감정을 있는 그대로 온몸으로 맞아주는 것뿐…….

　어느 정도 감정의 소용돌이에서 벗어나면, 그 후엔 자기 환멸이 느껴진다. "내가 잘못한 걸까? 내가 너무 매정했던 걸까? 내가 무엇을 잘못했던 걸까? 내가 잘못이었던 거겠지?" 등 정말 오만가지 생각이 다 드는 것이다. 그리고 그 환멸의 감정은 만약 나에게 다시 기회가 생긴다면, 훨씬 나은 관계를 만들 수 있을 것이라는 희망적인 생각으로 이어진다. 때때로 나는 '나에게 아직 기회가 있고 지금이라도 내가 노력하면 지금 이혼을 막을 수 있다'라는 희망의 감정이 환멸의 감정보다 더 최악이라고 생각했다.

이미 이혼하기로 결정하고 별거를 하면서 이혼을 준비하고 있는데, 왜 이런 희망의 감정을 품고 또 자기를 책망하는 건지 모르겠다고 생각했다. 이혼하는 것은 피할 수 없는 수순이며, 아내와 함께 나도 원하는 것이라는 걸 알고 있지만, 그와 동시에 이혼을 하지 않고 싶다는 생각이 들고 이 모든 게 다 내 잘못으로 기인한 것 같다는 생각이 들었다. 그럴 때면 난 위선자가 된 것 같은 느낌이 들어서 가뜩이나 우울한 내 마음에 기름을 끼얹어버리는 듯한 기분이 들었다.

이렇게 한바탕 감정의 폭풍이 지나고 나면, 언제 그랬냐는 듯 마음이 차분해졌다. 마치 한여름에 소나기가 내리다가 어물쩍 그친 느낌이다. 후텁지근한 날 비가 내리면 시원해지지 않고 오히려 뜨거운 증기를 만들어 한증막에 들어온 것 같은 텁텁함과 끈적거림이 느껴지는 것처럼, 감정의 폭풍 후에 오는 차분함은 나에게 불쾌한 끝맛을 줬다. 하지만 그 끝맛이 나쁜 것만은 아니었다. 감정이 차분해지고 나면 제삼자의 입장에서 다시 한번 우리의 결혼 생활을 바라볼 수 있었기 때문이다. 그리고 언제나 내려지는 답은 **'우리는 다시 좋아질 수 없다'**였다.

돌이켜 보면, 우리는 신혼 초부터 행복하게 보낸 적이 거의 없었다. 왠지 모르겠지만, 언제나 서로 어긋났고 그걸로 인해 다툼을 많이 했다. 처음엔 결혼 생활이 원래 그런 거라 생각하고 스스로를 바꾸려고 노력도 했다. 신혼이라 적응하느라 싸우는 것이고 나중에 시간이 지나면 서로를 이해하게 되고 그렇게 결혼생활을 하다 보면, 언젠가는 나아질 것이라고 믿었다. 하지만 우리 관계는 시간이 지나도 나아지는 것이 없었다. 그때 느꼈던 것 같다. 우리의 부부 관계가 여느 부부와는 다르다는 것을 말이다. 나에게 결혼에 대한 행복한 기억은 결혼 후 3개월 정도가 전부다.

과거의 우리는 결혼을 해서는 안 되는 가장 최악의 조합을 가지고 있는 부부였다. 아내는 모든 일을 철두철미하게 완수할 수 있는 완벽한 남편을 원했고, 나는 부족한 나 자신을 이해해 주고, 보듬어 줄 수 있는 그런 아내를 원했다. 나는 그녀가 원하는 남자가 될 수 없었고 그녀 또한 내가 원하는 아내가 될 수 없었다. 아내 입장에서는 모든 가정일을 완벽하게 완수하고 상대를 이끌고 가는 강한 카리스마가 없었던 '나'라는 존재는 그녀의 지지와 사랑을 받을 자격이 없었다. 그래서 그녀는 나 자신을 자신이 사랑하는 사람으로 만들기 위해 많은 노력을 했다. 하지만 사람은 바꿔 쓰는 게 아니라는 말이 있듯이, 아내의 노력에도 불구하고 나는 바뀌지 않았다. 내가 바뀌지 않는다는 결론이 나온 후에는 아내 나름대로 나를 있는 그대로 받아들이려 노력했지만, 역시 사람은 바뀌지 않았다(아내도 나와 같은 '사람'이니까). 내 입장에서는 그녀의 노력이 피부로 느껴지진 않았다. 아내가 노력했다고는 하지만 나를 자기의 기준에 맞추려 하는 것 같았고 그게 잘되지 않자 함께 살아가는 걸 포기해 버린 것처럼 느껴졌다(지극히 내 입장에서 느낀 바에 의한 생각이다). 결국 아내의 이혼 사유는 참 간편하기도 했다. *"난 오빠를 받아들이려고 최선을 다했어."*

뫼비우스의 띠처럼 반복되는 후회와 자기 혐오의 굴레. 내가 어떤 노력을 해도 결코 끊어낼 수 없는 목 안에 걸린 가시 같다고 생각했다. 내가 할 수 있는 건 목 안의 가시(후회와 자기 혐오)를 없애기 위해 물(감정에 소모되지 않도록 끊임없이 나에게 이야기하는 것)을 마시고, 가시가 물과 함께 내려가길 기도하는 것뿐이었다. 언제나 내 목에 가시가 걸리면, 백발백중 효험이 있는 약수를 꺼내 마시는 것 말이다.

"넌 충분히 열심히 하고 최선을 다했어. 남편으로서 그 누구보다 최선을 다했어."라고 말해주는 약수를…….

넌 충분히 열심히 하고 최선을 다했어.

남편으로서 그 누구보다 최선을 다했어.

이혼을 불편하게 느끼는 이유

오늘은 이혼에 대해 별 생각을 하지 않았다. 아침에 일어나서 잠깐 생각했던 것 빼곤. 정말 흔치 않은 경우다. 회사에서 바쁘게 몸을 움직여서 그런 건지는 모르겠지만, 오랜만에 '이혼'이라는 단어에 대해 불쾌한 감정을 느낄 시간이 없는 하루를 보냈다. 그렇다고 해서 내가 곧 이혼한다는 사실이 없어지는 건 아니지만, 매번 이혼한다는 것을 기억하면서 사는 것도 정말 피곤한 일이다.

내가 이혼을 생각했을 때 불편한 감정을 느끼는 이유는 여러 가지가 있지만, 오늘은 그중 하나에 대해 나눠보려 한다. 내가 '이혼'을 불편하게 느끼는 이유는 **'제삼자에게 내가 실패한 사람으로 비친다는 것에 대한 수치심'** 때문이다. 수치심이라는 단어가 다소 강한 표현이기는 하지만, 굳이 나의 감정을 여러 미사여구에 숨겨서 화려하게 치장하고 싶은 생각 또한 없다. 나의 이혼 사실을 사람들에게 공개하지 못하는 이유는, *'사람들 앞에서 죄를 지은 것 같은 기분 때문'*이다. 내 주위만 둘러봐도 10명 중 10명은 모두 '평범'하게 아이를 낳고 키우면서, 아내와 함께 아웅다웅하면서 살고 있다. 나 또한 그런 삶을 **'당연한 것'**이라 생각했다. 중년의 나이가 되면 아내와 함께 초등학교에 다니는 아이와 함께 사는 것이 당연한 것으로 생각했다. 내가 큰 노력을 하지 않아도 그냥 '얻어지는' 그런 것이라 생각했던 것이다. 지금에서야 당연하다고 생각했던 그 모든 것이 얼마나 큰 축복이고 부부 간에 많은 희생과 노력이 필요한지 깨닫고 있다. 지금도 결혼 생활을 지속하고 있는 평범한 가정의 남편과 아내분들께 존경스러운 마음이 든다.

또한, 이혼을 앞두면서 예전의 내 생각들이 얼마나 안일

했는지도 깨닫게 되었다. 전부터 나는 다른 사람들 앞에서 내 결혼 생활에 대해 이야기하는 것이 부끄러웠다. 아니, 흔히 말하듯 얼굴이 팔렸다. 왜냐하면, '**실패한 삶**'처럼 느껴졌기 때문이다. 남들처럼 결혼했지만 아이도 없고, 아내는 자기의 커리어를 위해 해외로 나가버렸다. 혼자서 생활하고 있는 내 모습을 보면 확실히 난 실패한 사람처럼 느껴졌다. 물론 외부에서 보는 내 모습은 그리 실패한 사람처럼 보이진 않을 것이다. 회사에 다니면서 큰돈은 아니지만, 남에게 어느 정도 베풀면서 살 수 있을 정도의 안정적인 삶을 살고 있으니 말이다. 아마 겉으로 보기에는 이혼과는 전혀 관계 없는 사람으로 인생을 만족하며 사는 것처럼 보일 것이다. 그 사실은 내가 더 잘 안다. 왜냐하면 내가 그렇게 보이도록 연기를 하고 있으니까 말이다. 그렇지만 실상, 내 인생은 행복과는 관계가 먼 그런 삶이었다. 이혼을 준비하면서 꽤 오랜 시간 동안 나는 내 인생이 실패했다고 느끼고, 언제나 자신을 책망하면서 살았다. 내 인생은 실패한 인생이라고 자책하면서 말이다. 주위 사람들의 관심도 부담스러워 스스로 거부했다. 점점 나만의 컴컴한 동굴 속으로 더 깊이 들어가서 웅크리고 귀를 막고 벌벌 떨고 있었다. 마치 안 듣고, 안 보면, 내 앞에서 일어날 그 일이 일어나지 않을 거라 믿는 어린아이처럼 말이다.

정말 내 인생은 실패한 걸까?

스스로를 너무 좁은 시선 안에 가두는 건 아닐까?

공황장애

갑자기 공황장애가 왔다. 공황장애가 올 만한 상황이 전혀 아닌데 공황장애가 발현된 것이다. 내가 겪는 공황장애는 처음부터 크게 오진 않는다. 처음엔 숨이 좀 답답하고 심장이 제멋대로 뛰기 시작했다. 다만, 나의 경우는 빨리 뛰기보다는 심장 박동이 건너뛰는 증세였다. 심장이 빨리 뛰는 것도 무섭겠지만, 잘 뛰던 심장이 박동을 한 번 건너뛰는 느낌은 겪어보지 않은 사람들은 모르는 불쾌감과 두려움이다.

이런 증세가 발생하면 난 황급히 약을 먹고 증세가 빨리 진정되길 속으로 기도한다. 이런 일련의 공포를 느끼던 중 왜 공황장애가 오려고 하는지 원인이 궁금해지기 시작했다. 딱히 생각나는 건 없지만, 내 기억이 정확하다면 공황 증세는 며칠 전부터 조금씩 위험 신호를 내 몸에 보내고 있었다. 하지만 난 그 증세를 애써 무시하고 있었다. 예전처럼 금방 괜찮아질 거라 믿으면서…. 하지만 증세는 좋아지지 않았고, 곧 죽을 것 같은 생각이 들 만큼 손가락 하나도 움직이지 못하는 상황에 이르렀다. 결국 약을 먹었고 마음이 조금씩 안정됐다. 돌이켜 생각해보면 난 때때로 공황 증세를 외면하곤 했다. 그 아픔마저도 억누르고 있었던 것이다. 공황 증세가 나오지 않도록 나의 두려움을 가슴 깊숙한 어딘가에 묻어두고 애써 인정하지 않으려고 했다. 그리고 마치 아무 일도 일어나지 않을 것처럼 행동한 것이다. 그렇게 꾹꾹 눌러 둔 감정이 언젠가부터 가득 차서 내 마음속에서 조금씩 새어 나오기 시작했다.

"내게 왜 이런 일이 일어나는 걸까?"

열심히 이유를 찾아보기 시작했다. 주위에 나에게 이 정도의 스트레스를 주는 것은 이혼 문제 외엔 없었다. 물론 회사에서 겪는 인간관계로 인한 스트레스도 있지만 이혼만큼의 영향을 주지는 않았다. 이혼 일자가 한 달밖에 남지 않았다는 생각이 내 마음을 조금씩 옭아 죄는 느낌을 받았고, 하루에도 몇 번씩 마음이 왔다 갔다 했다. 피할 수만 있다면 이 상황에서 도망치고 싶은 생각이 들었지만 이젠 도망칠 수 없다는 것을 너무나도 잘 알고 있다. 부딪히고 받아들여야 하는데 어떻게 부딪혀야 할지 전혀 답을 찾을 수가 없었다. 이 생각이 다람쥐 쳇바퀴 돌아가듯 들었고 그렇게 시간은 흘러갔다.

공황장애를 겪으면서 다시 공포의 감정이 올라왔다. 혼자 죽고 싶지 않다는 생각이 들었다. 그와 동시에 이혼은 정말 바보 같은 선택이라는 생각이 들면서, 다시금 아내가 외국에 있지만 이혼하지 말고 그냥 이대로 떨어져서 살까, 하는 생각을 하기도 했다. 다시 한번 '현실 타협'이라는 유혹이 슬며시 말을 걸어왔다. 하지만 금세 마음을 다잡으려고 노력했다. 왜냐하면 내가 이혼을 하지 않는다고 해도, 그리고 이혼하지 않고 그냥 지금과 같은 삶을 산다고 해도, 내가 혼자 죽는 것은 피할 수 없을 것 같다는 생각이 들어서였다. 어차피 아내 없이 나 혼자 살아갈 거고, 내가 죽는다 해도 아내가 해외에서 돌아올 리 만무하기 때문이다. 그렇게 생각하니, 이혼에 대한 공포, 아니 혼자 죽는 것에 대한 공포가 조금은 수그러들고 아내에 대한 미움의 감정이 다시금 올라왔다.

나에게 왜 이런 고통을 주는 걸까? 상대는 지금 해외에서 자신의 꿈을 이루겠다면서 살아가고 있는데, 어떻게 날 버려두고 그런 삶을 살 수 있는 것일까?

이런 생각이 들면 다시금 숨이 가빠졌다. 내 공황장애의 가장 큰 원인은 바로 아내였던 것이다. 내 인생에서 가장 고통스러운 기억만 선사한 바로 그 사람을 생각하면 할수록, 나도 모르게 움츠러들고, 죄책감이 몰려왔다. 그러다 끝끝내 외로움이라는 감정이 뼛속까지 침투해왔다.

"도대체, 왜 이런 일이 나한테 일어난 걸까?"

내게 왜 이런 일이 일어나는 걸까?

개꿈

꿈을 꿨다. 꿈의 내용이 기억나지 않지만, 왠지 모를 후회의 감정을 느꼈다. 꿈속에서 나는 지금이라면 훨씬 더 아내를 잘 이해하면서 살 수 있을 것만 같다고 생각했다. '내가 좀 더 노력할걸'이라는 생각과 함께 후회의 감정이 들었지만, 정확히 무엇이 후회되는 건지 기억이 나질 않았다. 그렇게 뒷맛이 개운하지 않은 상태로 아침을 맞이했다.

오늘은 외부 출장이 있어 아침 일찍 밖으로 나섰다. 출장지로 이동하는 도중, 해외에 살고 있는 멘토로부터 국제전화가 왔다. 며칠 전이 내 생일이었기에 생일 축하를 해주려고 연락했나 싶어서 반가운 마음으로 전화를 받았다. 멘토는 나에게 생일 축하한다고 이야기하면서 잘 지내고 있냐는 안부를 전했다. 물론 내가 안녕하지 않다는 건 그도 잘 안다. 나에게 이혼하라고 먼저 조언해준 것도 그였고, 내가 이혼의 절차를 따라갈 때도 내 옆에서 많은 이야기를 해주기도 했다. 생일 축하 인사와 안부 인사를 나누고 나서 그는 내가 쓰고 있는 글을 잘 읽고 있다고 했다. 며칠 전 내가 쓴 글을 모아둔 브런치 주소를 보내줬는데, 벌써 내 글들을 읽었나 보다. 내가 글로 쓴 것보다 더 날 것의 감정과 괴로움, 분노와 복수심 등을 직접 목격했던 그에게 그 글이 조금 밍밍하게 느껴지진 않았을까 싶으면서도 왠지 일기장을 들킨 것 같은 기분이 들었다. 나의 부끄러움을 눈치챈 걸까, 멘토는 내가 쓰고 있는 글들을 칭찬해 줬다. 의아한 마음이 들어서 무슨 소리냐 물어봤고, 그는 나에게 이렇게 말했다.

"글을 읽어보는데, 걱정했던 것과는 다르게 이혼을 잘 받아들이고 있는 것처럼 보여서 말이야."

그렇다. 난 지금까지 마음 표현을 잘하지 못하고 살았다. 사람을 좋아한다는 사실을 인정하지 못해서, 상처받을까 봐 사람들에게 감정 표현을 제대로 하지 못했다. 게다가 어렸을 때 해외에서 유학 생활을 하면서 스스로 생활비를 벌어야 하는 환경에서 자랐는데, 그래서인지 내 감정을 쉽게 드러내지 못했다. 감정을 보이는 건 약한 것으로 보였고, 약한 자는 포식자에게 잡아먹힌다고 생각했다. 그래서 감정을 드러내지 않는 것이 나를 지키는 방법이라 생각했는데 그게 날 지켜주기도 했지만, 날 불행하게 만들기도 했다는 것을 이혼을 준비하면서 깨달았다. 이혼이라는 이 상황을 직시하지 못하고 감정을 주체하지 못하면서 이혼이 나 자신을 파멸로 이끌어 가는 원동력으로 작용한 것이다. 그랬던 내가 글을 쓰면서 나의 감정을 인정하기 시작했고 홀로서기에 대한 준비를 할 수 있게 되었다.

오랜만에 연락한 멘토와 수다를 떨다 내 꿈 얘기를 했다. 후회의 감정이 느껴지는데, 어떤 후회인지 몰라서 뒷맛이 개운하지 않다고 말이다. 나의 이야기를 듣고 멘토는 "한쪽만 노력한다고 해결되지 않는다."라며 따끔히 나를 혼냈다. 그리고 내가 겪은 그 감정은 내가 이혼과 그에 따른 감정의 문제를 직시하고 해결하지 않는 한 계속될 거라고 말했다. 분하지만 맞는 말이었다. 지금 아내와의 문제는 이혼이 아니고는 해결되지 않는다. 내가 아무리 함께 살 의지가 있다 하더라도, 이미 마음이 떠나고 가정을 위해 노력할 생각이 없는 아내와는 똑같은 일이 반복될 뿐이다.

생각해 보면 아이러니하게도 아내와의 이혼 준비가 나에게 긍정적인 영향을 끼친 부분도 많았다.

그중 하나는 나 자신의 감정을 직시하고 싸울 수 있는 용기가 생겼다는 것이고, 다른 하나는 이혼과는 상관없이, 나의 삶을 즐기면서 살아갈 수 있는 여유를 갖게 되었다는 것이다. 생각해 보면 아내와 결혼한 이후, 내 삶은 흑백영화와 같은 무채색이었다. 결혼과 함께 내 인생 목표를 포기하고, 아내의 인생 목표와 가정을 지켜야 한다는 의무감으로 살았다. 분명 내가 선택한 삶이었지만 마치 소리가 들리지 않는 무미건조하고 재미없는 흑백 무성영화를 보는 듯한 삶이었다. 하지만 아내와 별거를 하고 나서, 나의 삶은 무채색 무성영화에서 초고화질(UHD)급 총천연색 컬러의 블록버스터 영화만큼 다채로워졌다.

무채색의 내 삶에 컬러가 입혀진 첫 번째 계기는 바로 그림이다. 어려서부터 만화를 좋아했지만, 그림 그릴 줄을 몰랐던 내가 중년의 나이가 되어서 그림을 배우기 시작한 것이다. 처음엔 선 하나 긋는 것도 어려웠지만, 점점 내가 그린 그림의 형태를 인지할 수 있는 수준이 되었다. 무엇보다 가장 큰 건 삶을 바라보는 관점이 달라졌다는 것이다. 일차원적으로 바라보던 세상이 그림을 그리면서 다양한 모습으로 나에게 다가왔다. 그림을 그리면서 무채색인 내 삶에 조금씩 색깔이 덧칠해지고 있었다.

이혼이라는 개인적인 불행(고통)을 직시하고 싸우기 시작하니, 나의 삶에 활기와 희망이 보이기 시작한 것이다.

아이캔두잇!
(My prectous!!)

생각해 보면 아이러니하게도 아내와의 이혼 준비가

나에게 긍정적인 영향을 끼친 부분도 많았다.

이혼을 준비하는 중년의 일상

    이혼을 앞두고 있는 사람이 하루하루를 어떻게 살아가는지 궁금해하는 사람들이 있을 것이다. 한편으론 매일매일 상실의 아픔, 배신과 분노의 감정으로 살아가는 것이 불가능할 것이라 생각할지도 모른다. 물론 내 입장에서 하는 이야기이니까 다른 사람과는 다를 수 있겠지만, 나의 경우에는 이혼을 앞두고 있는 사람일지라도 다른 사람들과 크게 다를 것 없는 하루를 보냈다. 아침에 일어나면 회사에 가고 업무 후 퇴근 이후에는 운동을 하거나 다른 취미 활동을 한다. 물론 주말 일상은 결혼했거나 싱글인 젊은 사람들과는 조금 달랐다.

우선, 중년의 나이가 되니 주말이나 남는 시간을 함께 보낼 사람이 없다. 이미 주위 친구들은 결혼해서 아이를 키우느라 정신이 없다. 그리고 그런 친구들과 만난다 해도 공통 관심사가 없어서 대화가 오래 지속되질 못한다. 밥을 먹거나 술을 마신다 해도 어느 순간 친구나 지인의 자식 걱정, 자랑을 들어주게 된다. 그리고 자주는 아니지만 나의 이혼이 그들의 반면교사가 되는 경우도 있다. 사실 누군가에게 반면교사가 된다는 것이 잘못은 아니지만, 내 입장에선 유쾌한 일이 아니다. 나의 이야기를 듣고 관계를 회복했다거나 자신들도 부부 관계가 나쁘다고 생각했는데, 알고 보니 그러지 않은 것 같다는 이야기를 들을 때마다 왠지 비교당하는 주체가 되는 것 같아 기분이 언짢았다. 물론 그런 의도로 이야기한 것이 아닐 테지만 말이다. 마치 내가 처한 입장보다 더 안 좋은 상황에 있는 사람과 비교하면서, 나의 상황은 나쁘지 않다고 생각하는 것 같은 생각이 들었다. 인정한다. 내 감정이 상당히 삐뚤어져서 사람들의 의도를 제대로 못 받아들이는 것을 말이다.

그러다 보니 사람들과의 만남의 기회는 점점 더 줄어들

고 그만큼 접점도 사라져간다. 당연히 삶이 외로워질 수밖에 없다. 게다가 자신감도 사라진다. 이미 중년이다 보니 누군가 좋은 사람을 다시 만날 수 있을 것이란 생각도 들지 않는다. 이미 늦었다는 생각만 들고 아무도 나를 좋아하지 않을 것이라는 생각이 든다. 인생의 실패자라기보다 그저 내가 나이가 너무 많이 들어서 이젠 좋은 사람을 못 만날 것 같다는 생각이 지배적이다. 만남의 기회가 생겨도 관계를 발전시키는 게 무서워서 도망친다.

이렇게 쓰다 보니 왠지 내가 인생의 실패자처럼 보일지도 모르지만 그건 사실이 아니라고 이야기하고 싶다. 물론 이혼을 마주한다는 것은 심적으로 외롭고, 두렵고, 무섭다. 나 자신이 미워서 자책하고 자주 자존감이 바닥으로 곤두박질치기도 한다. 하지만 그래도 여전히 아침이면 세수를 하고 거울을 보면서, "내 잘못이 아니야. 그러니까 당당해져"라며 스스로에게 주문을 걸면서 자존감을 지키려고 노력한다. 큰 도움이 안 되더라도, 내가 내 편이 되어주는 것이 정신 건강에 이롭다고 믿으니까.

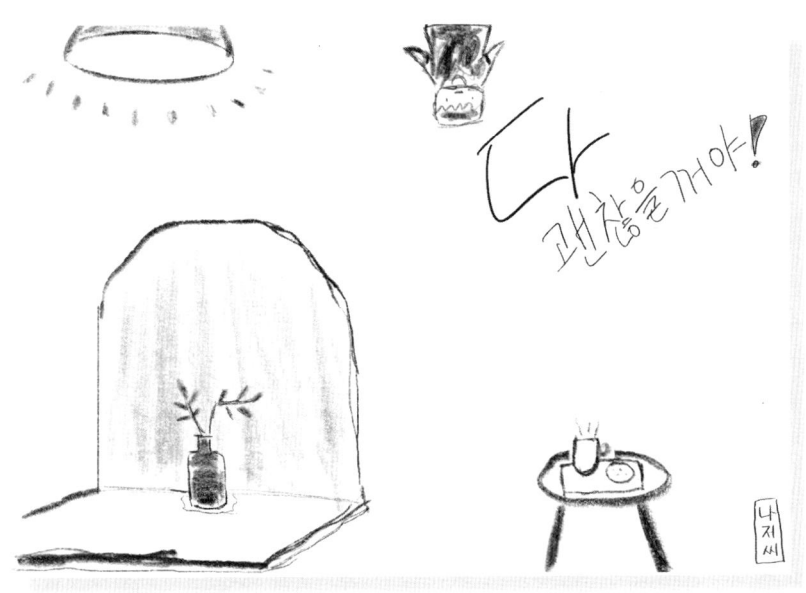

다 괜찮을거야!

이혼을 준비하는 지금은 괜찮지 않지만, 앞으로는 조금씩 괜찮아질 것이다🖉

이혼을 받아들이는 방식 – 부정

　미국의 유명 애니메이션인 심슨(The Simpson)을 봤다. 호머가 복어를 잘못 먹어 24시간밖에 살지 못한다고 진단받은 에피소드였다. 여기서 의사 히버트는 죽음을 앞둔 호머의 5단계 심경 변화를 설명하는데, 그게 바로 '**부정--〉 분노--〉 공포--〉 흥정--〉 수용**'이다. 난 이혼을 준비하면서, 호머가 겪은 5단계 심경 변화를 똑같이 겪었다.

　아내가 처음 이혼 이야기를 했을 때, 난 아내의 이야기를 진심으로 받아들이지 않았다. 그녀가 그저 화가 나서, 함께 살다 보니 지쳐서, 나에게 이혼하자고 이야기하는 것이라 생각했다. 그래서 시간이 조금만 지나면, 괜찮아질 거라고 생각했다. 하지만 상황은 나아지지 않았고, 우리는 결국 이혼을 준비하게 되었다. 그런데 나는 이혼에 대해 처음 이야기가 나오고, 아내가 해외로 나가 버린 후에도 우리 부부 사이가 끝났음을 인정하지 못했다. 그래서 아내가 해외에 있지만, 내가 노력하면 마음을 돌릴 수 있을 것이라 생각했다. 주위 사람들은 "이미 늦었다. 해외에 가기 전에 준비를 다 해놓은 상황일 것"이라는 등의 이야기를 해주면서, 나에게 진심 어린 충고와 안타까운 질타를 했지만, 그 어떤 말도 내 귀에는 들리지 않았다. 아니, 들으려고 하지 않았다. 왜냐하면, 내가 그들의 말을 인정하면, 진짜 모든 것이 끝날 것 같았기 때문이다.

아내가 해외로 가고 난 이후 처음엔 아내에게 메시지도 보내고, 이메일도 써서 보냈다. 주된 내용은, '내가 좀 더 이해하고 사랑하도록 노력하겠다'라는 이야기였다. 아내에게 섭섭하게 했던 말과 행동에 대해서도, 마음을 담아 사과하며 이혼은 하지 말자고 설득했다. 하지만 아내는 이런 나의 간곡한 부탁을 들어주지 않았다. 이미 마음속에서 나를 떠나보냈기 때문이었다. 아내는 더 이상 **"날 사랑하지 않는다"**(이 얼마나 간편한 표현인지…)라며 이혼을 요구했으며, 나는 그런 그녀의 대답을 부정했다. 왜냐하면 내가 그녀의 해외 유학 준비에서부터 졸업까지 어떻게 뒷바라지를 했는지를 그녀는 계속 봐 왔기에, 아내가 그런 이기적인 행동을 하지 않을 것이라 믿었기 때문이다. 하지만 아내는 해외로 떠난 뒤 내가 하는 행동들이 이혼을 더욱 마음먹게 한다는 명목 하에 모든 연락을 거부했다. 내 상황이 절망적임에도 불구하고, 난 계속 내 상황을 부인했다. **'다시 예전처럼 돌아갈 수 있을 것이다'**라는 헛된 기대를 버릴 수가 없었다. 왜냐하면 현재 상황을 인정하는 순간, 내가 정신적으로 완전히 무너져 버릴 것 같았기 때문이다.

몇 달 동안은 아내를 보고, 매달리고 애원하고 울면서 이야기해 보기까지 했다. 최소한 이혼은 하지 말자면서 말이다. 하지만 그녀는 끝까지 자기 생각을 굽히지 않았고, 난 그런 그녀의 모습이 절대 진정한 모습이 아닐 거라고 생각하며 내가 처한 상황을 격렬히, 정말 격렬히 부정했다. 이런 과정이 다람쥐 쳇바퀴 돌아가듯 몇 달간 지속되었다. 시간이 지나자 나의 노력이 아무런 소득이 없다는 걸 조금씩 인정하게 되었고, 가정을 지키려고 했던 내 마음도 점점 지치기 시작했다.

그렇게 나의 이혼에 대한 첫 번째 단계, 부정을 마주했다.

이혼을 받아들이는 방식 – 분노

　이혼에 대한 부정의 단계를 지나면서, 마음의 의지가 꺾이고, 분노의 감정이 쓰나미처럼 몰려왔다. 화가 났다. 복수하고 싶다는 생각이 들었다. 어떻게 하면 나를 배신할 수 있는지, 정말 이해가 되질 않았다. 믿었던 사람에게 배신당하는 게 이런 기분이겠구나, 하는 생각이 들었다. 밤에 잠을 자려고 누우면, 분한 기분이 들고 내가 당하는 이 부당한 처우에 대해 분노가 치밀어 올라 밤을 꼴딱 새우기도 했다. 그렇게 나의 불면증이 시작되었다.

　내가 이렇게까지 분노한 것은 내 개인적으로는 이유가

있다. 우리 부부는 평범한 부부와는 조금 다른 생활을 했다. 아내는 어려서부터 공부도 잘하고, 우등생으로 살아오던 사람이었다고 했다. 고등학교 때까지는 부모님의 기대를 부응하면서 살아가며, 그분들의 기대를 한몸에 받으며 살았다……. 그러던 그녀의 인생에 먹구름이 끼기 시작한 건, 아내가 아버지의 기대와 다른 길을 가겠다고 결심한 뒤부터였다. 아내의 아버지는 화를 냈고, 그녀가 바라는 커리어를 응원하지 않았다고 했다. 그래서 아내는 집에서도 지원받지 못하고, 힘겹게 자신의 꿈을 이루려고 노력하면서 살아왔었고, 그러던 중에 나를 만났다. 나도 내 꿈을 이루기 위해, 주위의 반대를 무릅쓰고 내 의지를 관철시킨 적이 있어서, 아내의 싸움이 얼마나 외로운 길인지 잘 알고 있었다. 그래서 난 아내의 외로운 싸움을 진심으로 응원하고 싶었고, 옆에서 도와주기 위해 최선을 다했다.

먼저 아내가 커리어를 쌓을 수 있도록 유학을 지원해 줬다. 아내가 한국에서 유학 준비를 하고, 학원에 다니고, 입학 인터뷰를 위해 해외에 가는 비용까지 모두 지원했다. 그리고 아내가 해외의 유명 대학원에 입학하게 되었을 때, 난 그녀의 생활비와 학비 등을 전적으로 지원해 줬다. 나 또한 20대 때, IMF로 인해 타향 땅에서 힘들게 학교생활을 한 기억이 있기 때문에, 아내가 먼 타지에서 고생하지 않고 오직 공부에만 집중할 수 있도록 지원했다. 그렇게 난 매달 적지 않은 돈(내 월급의 80% 이상)을 그녀의 유학 생활 동안 지원했다. 사실 유학 생활뿐만 아니라, 그전에도 아내는 제대로 된 일을 해 본 적이 없었기에, 결혼 생활 동안 모든 경제적인 책임을 오롯이 나 혼자 부담하면서 생활했다. 더군다나 아내의 공부를 위해 아이를 갖는 것도 미루고 기다려줬다. 이때까지도 난 아내를 믿었고, 아내가 학교를 졸업하면 우리 부부를 위해 최선을 다할 것이라고 생각했다(이혼을 한 지금이라면, '정신 차리라'며 뒤통수를 세게 때리고 싶다).

마침내 아내는 대학원을 졸업했고, 해외에서도 스스로 돈을 벌며 자립할 수 있는 조건을 갖추게 되었다. 하지만 그녀가 졸업을 하고 자립할 수 있는 힘이 생기자, 상황이 급속도로 바뀌었다. 아내는 해외에 가서 살기를 희망하였으며, 자신의 가치관이 나와 맞지 않는다며 같이 살면 서로가 불행해지니 이혼하자고 요구했다. 난 아내가 학업을 마치고 나면, 가정에 충실하며 나와도 정착하고 함께 살아갈 것이라고 기대했다. 부정의 단계에 들어섰을 때, 아내의 요구사항에 대해 현실을 부정하며, **'아내가 나와 함께 살아가는 것을 바랄 것'**이라는 기대를 했던 것이다. 하지만 내 생각은 완전히 틀렸고, 내가 그 사실을 인정하자 걷잡을 수 없는 배신감과 분노의 감정이 내 안에서 끓어오르기 시작했다. 생각 같아서는 주위에 있는 모든 것을 부숴버리고 싶고, 아내의 부모와 아내에게 가서 복수하고 싶었다. 너무나 화가 나고 억울했다. 이런 상황에서도 자기 딸만 애지중지하는 처가를 보고 모든 부모에게 자기 자식이 제일이라지만 자기 딸을 편애하는 언행을 목격하니, 내 가슴엔 배신감으로 큰 상처가 났다.

사실, 분노의 단계에 이르렀을 때 난 아내에게 어떻게 복수해야 할까 하는 생각만 했던 것 같다. 변호사를 만나서 상담도 해보고, 이미 이혼한 사람들을 만나도 봤다. 그런데 아이러니하게도 그 모든 사람들이 나에게 해 주는 이야기는, **"소송으로 가면, 내가 손해 볼 것이 더 많다"**라는 것이었다. 아내는 애초에 경제활동을 하지 않고, 가지고 있는 자산도 없기 때문에 이혼을 해도 재산분할 등에서 손해 볼 것이 없다는 것이었다. 오히려 상대와 소송을 하면, 직장에 다니고 있는 내가 더 불리하게 될 것이라는 얘기만 들었다. 이때 나의 분노는 정점에 치달았다. 아내에 대한 배신감과 그 배신에 대해 아무것도 할 수 없는 무력감…. 이 두 가지 감정이 만나니, 엄청난 시너지 효과를 나타낸 것이다.

그렇게 나의 불면증이 시작되었다.

이혼을 받아들이는 방식 - 공포

분노의 감정이 지나가고 나서는 공포심이 홍수처럼 밀려왔다. 여러 가지 감정 중에서 나에게 가장 크게 다가온 건 바로 '**외로움**'이다. 이젠 혼자가 된다는 생각과 이혼 후에는 늙어 죽을 때까지 평생 혼자 살다가 외롭게 죽을 거라는 생각을 하니 너무나 무서웠다. 물론 주위에선 다른 좋은 사람을 만날 것이라고 이야기하고, 아직은 젊다(?)고 이야기도 해 주지만, 중년의 나이가 되어버린 내가 다시 새로운 인연을 만난다는 게, 나에겐 그저 불가능한 일로만 여겨졌다. 이혼한다는 사실만으로, 나의 자존감은 완전히 바닥까지 내려갔다. 물론 나보다 더 힘든 결혼 생활을 하다가 이혼한 사람이 이 글을 본다면, 내가 하는 고민은 그저 투정으로 비칠지도 모르지만, 이혼 후 나를 찾아올 외로움이란 감정은 **예능이 아니라 다큐**였다.

외로움에 대한 공포는 생각보다 나에게 큰 영향을 줬다. 그중 가장 먼저 영향을 미친 것은 바로 자존감 하락이었다. 이혼을 하게 된다고 생각하니, 인생의 실패자라는 생각이 들어서, 사람들과 대화를 나누는 것이 힘들었다. 주위 사람들과 이야기를 나누면서도 상대를 보고 제일 먼저 드는 생각이 **'저 사람은 결혼해서 아이도 있고, 배우자도 있으니 얼마나 행복할까?'**였다. 내가 가지지 못한 것들에 대해 부러움과 수치심을 동시에 느꼈다. 그리고 그들이 자식 자랑이나 배우자 자랑을 할 때면, 괜히 그 사람들에게 분노가 치밀어 올랐다. **'난 이렇게 불행한데, 왜 이리 상대는 행복해 보이는 걸까?'**라는 어린아이와 같은 생각과 질투심에 사로잡힐 때가 많았다.

비교로 인한 자존감 하락도 있지만, 또 다른 한 가지 감정이 날 수시로 괴롭혔다. 그건 바로 **죄책감**이었다. 구체적으로론 두 가지 종류의 죄책감이 느껴졌는데, 주변 사람들에게 이혼한 사실을 숨기게 되면서 거짓말을 한다는 죄책감과 고향에 계신 어머니에게 불효했다는 죄책감이었다. 주위 사람이 나에게 아내 안부를 물어보면, 그저 잘 지내는 것처럼 행동하고 그들의 대답을 애써 회피하려고 노력했다. 그러면서 솔직하게 이야기하지 못하는 내 모습에 대한 죄책감을 느끼곤 했다. 이러한 죄책감은 내 인간관계에 악영향을 미쳤다. 거짓말을 한다는 죄책감으로 사람과의 만남과 대화를 회피하고, 집에서 나오지 않는 '히키코모리' 같은 삶을 살아야 했다. 퇴근하면 집에서 유튜브를 보거나 게임을 하면서 시간을 보내고, 설, 추석과 같은 명절에는 이런저런 핑계를 다 대고 고향에 내려가질 않았다. 어차피 내려가도 아내에 대해 물어볼 것이고, 난 잘 지낸다는 거짓말을 해야 하는 게, 너무 부끄럽고 자존심이 상했다. 맞다! 자존심이 상했던 것이다. 이 외에도 어머니에 대한 죄책감은 따로 적지 않아도 어떤 감정일지 알 것이기에 자세히 적지 않겠다. 하지만 더 큰 문제는 불효를 했다는 죄책감은 어머님을 포함한 형제, 자매들과의 관계를 멀어지게 하는 가장 큰 요인이 되었다는 것이었고, 가족과의 소통이 끊어져 버리면서 난 더 큰 불효를 하는 악순환에 휘말리고 말았다. 이러한 모든 일들은 내가 노년에 홀로 외롭게 생을 마감할 것이라는 공포심을 증폭시키는 이유가 되어 나의 삶을 점점 더 나락으로 떨어트렸다.

이혼한다는 공포는 나의 건강에도 영향을 미쳤다. 아내와 이혼 문제로 다투는 과정에서, 불면증에 시달렸던 나는 잠을 제대로 못 자서인지 아니면 스트레스가 심해서인지 모르겠지만, 심장에도 문제가 생겼다. 심장이 좋지 않아서 죽음에 대한 극심한 공포심을 느끼고 병원에 가서 심장 초음파, CT, 피검사 등등 여러 가지 진료를 받았고, 최종적으로는 부정맥과 맥이 일반인 평균보다 느리게 뛴다는 서맥 소견을 받았다. 재미있게도 부정맥 소견을 받고 난 후, 난 내 인생에서 잊지 못할 여러 에피소드 중 하나로 꼽힐 만한 일을 겪었다. 진료를 받고 있는 내 얼굴이 안쓰러워 보였는지, 의사 선생님은 나의 병명을 이야기하고 나서 한마디 더 덧붙였다. **"죽지는 않아요."** 이혼 문제로 생각이 많아져 고개를 숙이고 있던 나는 의사의 이야기에 고개를 번쩍 들었다. **"예? 죽지는 않는다고요?"** 나도 모르게 의사 선생님에게 소리치듯 질문을 했다. 그리고, 의사 선생님은 다시 한번 (매우 사무적인 표정으로) **"네, 신경이 많이 쓰이고 죽을 것 같겠지만, 죽지는 않아요"**라고 말했다. 의사 선생님은 부정맥에 대한 이야기를 나에게 한 거겠지만, 난 왠지 그 이야기가 이혼 이후 느끼는 외로움과 두려움에 몸부림치는 나를 향해 건넨 위로의 말 같았다. **"이혼해도 신경이 많이 쓰이고 외롭고 죽을 만큼 힘들겠지만, 그렇다고 죽지는 않아요"**라고 이야기해 주는 것 같은 느낌이 들었다.

우습게도 의사 선생님의 이야기는 힘들어하는 나에게 작은 위로를 줬다. 물론 지금도 가끔 잠을 청하려 하는데 주체할 수 없는 공포심으로 숨이 막혀 잠을 자지 못하거나, 불면증으로 인해 잠을 청하지 못하는 경우가 더러 있기는 하지만 말이다. 하지만 외로움으로 인해 잠을 청하지 못하게 되거나 홀로 생을 마감할지도 모른다는 공포심이 날 짓눌러도 예전보다는 훨씬 괜찮다. 갑자기 찾아오는 공포심으로 인해

답답한 숨을 몰아쉬게 될 때도, 이젠 나 스스로에게 이렇게
이야기할 수 있게 되었기 때문이다.

"괜찮아. 죽지는 않아"라고…….

이혼을 받아들이는 방식 - 흥정

외로움에 대한 공포의 시간이 지속되며, 내 마음속에 한 가지 생각이 들기 시작했다.

꼭 같이 살아야만 결혼 생활인가? 따로 살아도 부부로서 생활하는 데 아무런 문제가 없을 거야. 주위를 봐. 서로 떨어져 살고 일 년에 몇 번 만나지 않는 사람들도, 다 행복하게 살고 있어. 너만 특이한 게 아니니까, 너무 호들갑 떨지 말고, 그냥 살아.

이혼을 하지 않기 위한 스스로의 핑계를 만들기 시작한

것이다. 어떻게든 지금의 절망적인 상황을 긍정적으로 생각해 보려 하고, 이렇게 살다 보면 언젠가는 아내도 마음을 돌릴 것이라고 말이다. 그래서 이혼하지 않아야 하는 이유를 찾기 위해 그동안 결혼 생활을 하면서 좋았던 때를 생각했는데, 그러다 보면 벽에 부딪히고 말았다. 결혼 생활 중에 좋았던 기억이 잘 나질 않았기 때문이다. 거의 매일 싸우고, 서로에게 소리를 지르며 살았다. 상담도 수차례 받았지만 결국 도움이 되지 않았다.

상황이 이렇다 보니 결혼 생활에 대한 회의감이 들었다.

아내는 지금 해외에 나가서 자기가 하고 싶은 일 하면서, 호의호식하고 있는데 왜 나만 이렇게 힘들어해야 하는 거야? 내가 아내의 유학비 대부분을 지원했어. 한국에서 대학원 입시 준비도 다 지원해 줬잖아. 그래서 난 지금 가진 게 하나도 없는데 왜 고통도 나만 받아야 하는 거지? 이렇게 끝낼 수는 없어. 절대 이혼하지 않을 거야! 끝까지 싸우고 내가 겪은 고통을 상대도 겪도록 만들 거야!

이런 식의 복수심에 불타는 마음을 가지기도 했다. 하지만 생각의 본질을 가만히 살펴보면, 모두 이혼하지 않겠다는 것이었다. **외로워지는 게 무서워서 이혼하지 않으려고 스스로 합리화**하면서, 이혼에 대한 '**흥정**'을 하고 있었던 것이다.

어떻게든 이혼은 피하고 싶은 생각이 커서 나 자신과 흥정하였고, 또 아내와 흥정하려고 했다. 흥정이라는 단어가 어감이 좀 이상하긴 하지만, 스스로에게 이혼만이 답은 아닐 거라 이야기하면서, 더 나은 미래를 위해서 내가 좀 더 참고 기다리자라고 스스로를 회유하고 있었다. 그리고 아내에게는 다시 함께 살자고 설득하려 했다. 물론 그녀는 먼 해외에 있었기 때문에 내가 할 수 있는 일은 극히 제한적이었다. 메신저로 글을 보내거나 영상을 만들어 보내는 정도의 일을 했다. 물론, 처가의 부모에게 도움을 청할까 했다. 하지만 자기 딸 편만 들고, 아내가 해외로 가는 것을 나 몰래 뒤에서 지원해 준 처가에 무언가 도움을 받을 수 있는 일은 없었다. 특히나 이혼 이야기가 나온 이후부터 그들의 입장은 명확했다. 아내의 아버지는 "둘이 알아서 해결하라"라며 이 문제를 피했고, 아내의 어머니는 "자신도 딸을 포기했으니, 그냥 이혼하라"라는 이야기로 나를 설득하려 했다. 오히려 그들은 "아직 젊으니까, 하루라도 *빨리 이혼해서, 좋은 사람 만나서 행복하게 살라*"라는 말로 이혼을 종용하고 나에게 흥정하려 했다. 날 생각해서 이혼하라니, 그들의 말에 어이가 없었다. 그런데, 더 어이없는 일은 그다음에 일어났다. 알고 보니 앞에서는 나에게 감언이설로 이혼을 종용하면서, 뒤에서는 자신의 딸이 외국에 나갈 수 있는 준비를 다 했던 것이다. 정말 허울만 좋은 사람들이었다. 외부에서는 존경받는 사람이었지만, 내부적으로는 그저 발생한 문제에 대해 자신들이 최대한 피해를 보지 않으려고 노력하는 아주 표리부동한 사람들이었다. 나는 그들이 나에 대해 그렇게 생각하는지도 모르고, 아내가 외국에 있는 동안에도 모든 명절과 집안 대소사에 '혼자' 참석하였고, 한 달에 2번 이상 처가에 가서 인사를 드리면서, 사위로서 **'도리'**를 다 하려고 노력했던 것이다.

　모든 사람들이 예상했듯이, 아내와 나의 관계는 누가 봐도 이혼하는 게 이상하지 않을 상황까지 치달았다. 우리 상황을 알고 있는 주위 사람들은 모두 나에게 이혼하라 충고했지만, 내가 이혼을 선택하는 데까지는 합의 이혼을 거부한 뒤로 약 1년 정도의 시간이 더 소요되었다. 가장 큰 이유는 바로 이혼하지 않는 것이 옳다는 스스로의 합리화 즉, 흥정 때문이었다. 나의 흥정은 여러 가지 모습으로 나왔다. 현실 회피와 거부, 외로움에 대한 공포, 미래에 대한 '거짓된' 기대 등……. 하지만 내부적인 흥정과 회유에도 언제나 도출되는 결론은 **'이혼'**이었다. 내가 아무리 노력해도, 아내 쪽에서 대화를 거부하는 상황에서 기대할 수 있는 건 없었다. 그리고 아내는 (나의 지원에 힘입어), 해외에서 유명 대학원을 졸업하여, 합법적으로 일을 할 수 있는 비자(내 돈과 다른 외적인 지원을 받아)를 발급받았다. 그리고 아내는 해외에서 프리랜서로서 자기가 하고 싶은 일을 하면서 살아가고 있는데, 나만 한국에서 정신 못 차리고 있는 게 한심하기도 했다.

이렇게 건강하지 못한 상황이 지속되면서 나 자신만 고통받는 악순환을 끝내야 한다고 생각했다. 그리고 다시 흥정을 시작했다.

어차피 이혼은 피할 수 없는 건데 상대는 해외에서 행복하게 살고 있어. 나만 한국에서 불행하게 사는 건 상대에게 지는 것이야. 그러니까, 행복하게 지내자! 그게 상대에게 할 수 있는 최고의 복수인 거니까! 그러니까, 이혼하자! 이혼해서 행복하게 사는 모습을 보이자!

그때 했던 나 자신과의 흥정은 제대로 먹혀들어갔고, 그렇게 조정 이혼을 시작할 수 있는 용기를 얻었다.

아이러니하게도 흥정 때문에 이혼이 지연되었지만, 흥정 때문에 이혼 수속이 시작될 수 있었다.

이혼을 받아들이는 방식 – 수용

시간이 지나면서 분노도 하고, 흥정도 해보지만, 마지막
엔 현타가 심하게 왔다. **'내가 지금 뭐 하고 있는 건가? 이
건 또 무슨 지지리 궁상이지?'**라는 생각이 들면서, 내가 하
는 행동에 대한 반성을 하기 시작했다. 그러면서 내 결혼 생
활은 더 이상 이어지지 않을 것이라는 사실을 직시하게 되
었다. 이렇듯 내 삶에 대해 똑바로 보게 되면서, 조금씩 이
혼을 준비하기 시작했다.

머릿속의 복잡한 생각도 정리되고, 감정에 휘둘려서 아
무것도 못 하던 시간을 지나 이성에 의한 사고가 가능해졌

다. 그리고 이혼은 그 누구보다 나를 위한 일임을 다시 한번 확인하게 되었다. 이혼 이후에 내가 어떤 삶을 살아야 할지에 대해 고민했다. 또, 이혼 준비로 나의 정신적인 부분이 얼마나 심각한 상황인지를 인지하게 되었다. 하지만 이혼하고 싶지 않은 생각은 여전히 내 안에서 불쑥불쑥 예고도 없이 튀어나왔다. 난 그런 감정을 느낄 때마다, 이성적으로 나 스스로를 달래고 설득했다. 그리고 나 자신에게 이렇게 이야기했다. ***"이혼 후에도 지금처럼 폐인처럼 지낼래? 이혼하고 나서, 상대에 대한 최고의 복수는 내가 잘살고 있다는 것을 보여주는 거야!"***라고 말이다. 하지만 막상 무언가를 하려고 해도 하고 싶은 일이 없었다. 아니, 결혼 이후에는 가족의 안정과 행복이 내 삶의 우선순위 첫 번째였기 때문에 가족을 빼면 삶의 목적이 없었다. 그동안 나의 모든 결정과 생활은 결혼 생활을 유지하는 데 집중해 있었기에 현실적으로는 이해가 되지 않는 상황이었음에도 불구하고, 아내의 외국 유학 준비와 현지 유학 지원을 위한 삶을 살 수 있었던 것이다. 한국에서 쓰는 돈을 최대한 아껴서 아내에게 보내면서도 나 스스로 대견해했다. 남편으로서 정말 멋진 것 같다는 말도 안 되는 착각을 하면서 말이다.

　나의 이런 순진한 생각과 믿음 때문에 아내는 현지에서 자기의 공부만 전념하면서 살아도 경제적으로 (풍족하지는 않아도) 부족함 없이 살았다. 지금 와서 생각해 보면 그녀의 부모에게 도움을 받지 않은 것이 바보 같지만, 그때는 그게 도리라고 생각하고 살았다. 나는 한국에서 조그마한 방(고시원보다 조금 크지만 원룸보다 작은)에서 혼자 살면서 최대한 돈을 아껴서 아내에게 돈을 보냈다. 그렇게 아내가 유학을 준비하고 유학 간 시간을 전부 합치면 약 6년 정도가 되었고, 그동안 나는 지방에서 아파트 한 채 정도는 현금으로 구매할 수 있을 정도의 돈을 썼다. 결혼 생활 동안 내 삶의 중심은 아내의 꿈을 이뤄주기 위해 노력하는 것이 전부였다. 그렇다 보니 이혼을 앞둔 지금 상황에서, 내 삶의 구심점이 갑자기 사라져 버린 것 같은 기분이 드는 건 어쩌면 당연한 일인 것이다. 내가 아이라도 있다면, 아이에게 집중하겠지만 아이도 없는 상황에서 난 완전히 길 잃은 아이와 같이 되어버렸다. 사실 이런 상황이 화가 나고 억울해서 부정도 하고, 분노도

하면서 흥정도 해보았지만, 결국에는 현실을 수용할 수밖에 없었다. 나에게 이혼은 **'답이 이미 정해진 사용자 이용 동의서의 예/아니오 질문과 같은 것'**이라는 현실을 말이다.

수용의 상태가 지난 후엔 삶이 조금 나아질까 싶었는데, 더 다양하게 힘들어졌다. 예전엔 한 가지 감정만 집중하면 충분했는데, 이제는 5가지의 감정이 동시다발적으로 발생해서 시도 때도 없이 나를 공격했다. 아침에 일어나서 이혼 생각에 화를 내다가 다시 한번 잘해볼까 하는 생각도 하고, 아침에 혼자 눈뜨는 삶을 평생 살아야 하는 거 아닌가 하는 두려움을 느끼다 다시 평온함을 찾아서 하루를 보낸다. 이 5가지의 감정은 그날그날 컨디션에 따라 다르지만, 보통 1시간 안에 휘몰아친다. 이런 감정의 변화가 하루에 2~3번 나타났다. 아침에 눈 떠서, 퇴근하다가, 그리고 자려고 누웠을 때…. 특히 자기 전에 감정의 롤러코스터에 빠지면 더 힘들었는데 그래서 잠자기가 무섭다는 생각이 들곤 했고 이로 인해 불면증을 겪기도 했다. 한동안은 불면증으로 하루에 4시간만 자도 성공했다고 생각할 정도로 잠이 부족한 삶을 살았다. 하지만 이 과정도 점차 끝을 보였다. 수용의 단계를 지나고 나니, 나 스스로 감정을 조절할 수 있는 노하우가 생겨났다. 나의 감정 롤러코스터에 핸들과 브레이크를 갖게 된 느낌이랄까.

예를 들면, 부정의 감정이 나타나면, 일어난 일은 되돌릴 수 없다면서 자신을 타일렀고, 분노의 감정이 나타나면 좋아하는 일(예를 들면 게임)에 집중하면서, 시간을 보냈다. 내 경험에 의하면 분노의 감정이 있을 때, 다른 사람과 이야기를 나누면 분노가 수그러들지 않고 오히려 더 불타오르기에, 분노의 감정을 느끼면 특히 더 조심하고 혼자서 할 수 있는 즐거운 일에 집중했던 것 같다. 사실 공포의 감정이 가장 대처하기 까다로웠다. 공포심은 내가 어떤 행동을 하더라도, 이겨낼 수 없었다. 내가 할 수 있는 건, 나의 불안정한 심리상태를 인정하는 것과 전문가의 도움을 받는 것이었다. 그 효과는 훌륭했다. 흥정과 수용의 감정은 특별히 대응할 필요가 없었다. 흥정 상태일 때는 내가 처한 현실을 다시 한번 곱씹음으로써 쉽게 극복이 되었다. 이렇듯 나만의 대처

법을 터득하고 나니, 여전히 무섭지만 큰 사고는 터지지 않을 것이라는 확신을 갖게 되었다.

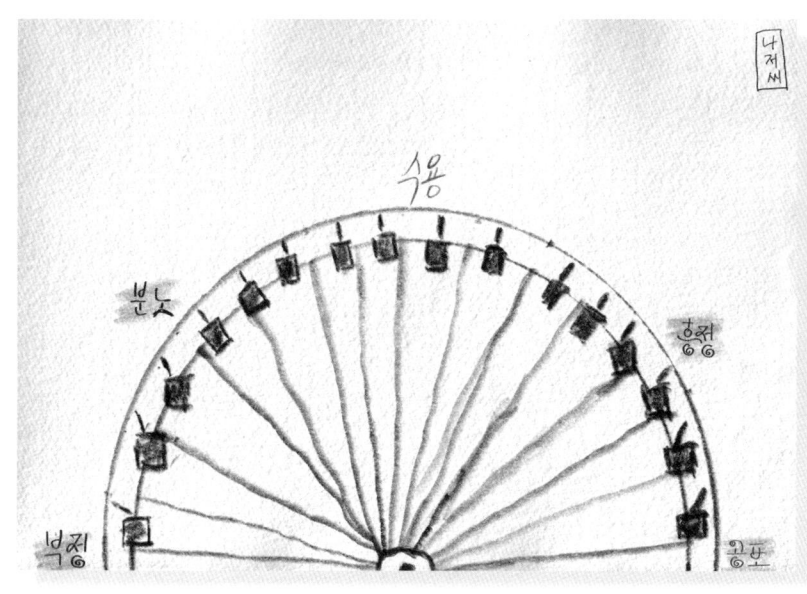

이혼이라는 불행을 대면하는 나의 롤러코스터와 같은 감정 변화는
천천히 나의 삶을 움직이는 원동력이 되어갔다.

이혼을 극복하는 법 1

아내와의 이혼 문제로 정신이 피폐해질 대로 피폐해진 나는 아무런 삶의 의욕이 없었다. 그러다 보니 매번 아내와의 불화에 대한 분노와 배신감에 주체하지 못하고 잠을 설치기 일쑤였다. 게다가 정신적인 피로감으로 새로운 일을 시도하지도 않고, 회사 퇴근 후나 주말에 어디에 나가지도 않고, 비디오 게임만 하면서 시간을 보냈다. 그렇게 시간을 의미 없이 보내면서도 모든 일에 대한 잘못은 아내에게 있다고 남 탓을 하면서 말이다.

그렇게 시간을 보내던 어느 날 문득 비디오 게임을 하고 있는 내 모습을 다시 보게 되었다. 금요일 저녁, 퇴근해서 ('분노 씨'의 깜짝 방문에) 새벽 3시까지 게임을 하다가 지쳐 쓰러지듯이 잠을 청했고 다음 날 11시가 다 되어 일어났다. 그리고 눈을 뜨자마자 본능적으로 나의 손은 게임기의 전원 버튼을 누르고 있었다. 게임을 하다가 점심은 대충 라면으로 때웠다. 주말에는 게임만 12시간 이상씩 했다. 어느 날 게임을 하는데 갑자기 정신이 아득해지는 것을 느꼈다. 기절할 것만 같았다. 비디오 게임을 하느라 밤과 낮이 바뀌고, 주중에도 잠을 하루에 3~4시간씩만 자면서 게임에 열중하다 보니 내 몸에 한계가 온 것이다. 컨디션이 이 지경이 되니 갑자기 내 처지가 한심하다는 생각이 들었다.

'어쩌다 내가 이렇게 되었냐? 항상 밖에 나가서 무언가 하면서 시간을 보내던 사람이 왜 이렇게 집에서 게임만 하고 사람들과 만나지도 않는 거냐?'라는 질문을 스스로에게 해봤지만, 답하지는 못했다. 그렇게 난 인생을 낭비하면서 살아가고 있었다.

상황의 심각함을 인지하고 난 뒤에야 내 삶에 변화가 필요하다는 생각이 들었다. 이혼에 대해 자책하고 자포자기하는 심정으로 비디오 게임만 하면, 지금의 부정적인 감정에서 벗어나지도 못할 뿐만 아니라 내 인생과 건강도 망가질 거라는 생각이 들자 위기의식이 생겼다. 그래서 무언가를 시작해야겠다는 생각이 들었지만, 선뜻 하고 싶은 일이 생각이 나지 않았다. 아니, 하고 싶은 일이 하나도 없었다는 게 더 정확한 표현일 수 있겠다. 그만큼 내 인생은 바닥을 치고 있었다. 하지만 고민하는 것을 포기하지 않았다. 어떤 활동을 할지 계속 생각하던 중 한 가지 아이디어가 번뜩하고 내 머릿속을 스쳐 지나갔다.

'내가 평생 불가능하다고 생각했던 무언가를 도전해보자!'

곧바로 내가 평생 불가능하다고 생각했던 것들을 나열해보았다. 그리고 그중에서 지금 당장 할 수 있는, 하지만 시간이 오래 걸리고 꾸준한 노력을 기울여야만 하는 것을 한 가지를 선택했다. 그건 바로 **'그림 그리기'**였다. 중학교 때,

나저씨의 이혼일기

80

미술 선생님으로부터 공개적으로 망신을 당한 트라우마로 그림을 완전히 포기했던 나에게 그림 그리기는 가장 이상적인 목표처럼 보였다. 그래서 난 바로 그림을 가르쳐 줄 수 있는 전문가를 찾기 시작했다. 많은 사람이 있었고, 그중에서 좋은 리뷰가 많은 전문가를 골라서 1:1 수업을 신청했다. 일주일에 단 2시간 수업이었지만, 나에겐 그 수업조차 버겁게 느껴져 신청을 잠시 고민했다. 하지만 변하고자 하는 마음이 생겼을 때가 무언갈 시작하지 않으면 다시 원래대로 돌아갈 것만 같아서, 바로 수업 신청을 하였다. 수업은 내가 신청한 다음 주부터 시작하는 걸로 했다. 그 수업을 5년 뒤인 지금까지 받고 있는데, 많은 부분에서 나의 라이프 스타일을 바꾸어 놓았다. 매주 2시간의 수업이지만, 이 수업을 통해 나 자신에 대한 믿음이 생기고 자존감이 살아나기 시작했다. 아내와의 이혼 문제로 바닥까지 내려갔던 나의 자존감과 매사를 불행하다 생각했던 나의 생각에 변화가 일어나기 시작한 것이다.

아주 조금씩이기는 하지만 그림 실력이 늘어나면서, 아

내의 가스라이팅(?)으로 인해, 잃었던 자신감과 삶의 목적을 조금씩 다시 찾아갈 수 있게 되었다. 그리고 그림 그리기를 통해 이혼을 새로운 관점으로 볼 수 있게 되었고 이 난관을 이겨나갈 수 있는 근육을 조금씩 키워 나가기 시작했다. 만약 이 글을 읽는 당신이 이혼 수속 때문에 비참한 생활을 하고 있다면 한 가지 방법을 권하고 싶다.

내가 이루고 싶었던 일 중에서 불가능하다고 생각했던 일 한 가지를 도전해 보라고…… 나중이 아니라 지금 당장!

내가 평생 불가능하다고 생각했던 무언가를 도전해보자! ✏️

이혼을 극복하는 법 2

　이혼을 극복하는 데 걸림돌은 많이 있겠지만, 내 경우에는 **'익숙함'**이라는 감정이 가장 큰 걸림돌이었다. 이혼으로 인한 부정적인 감정들이 어느 순간 익숙해지면서, 새로운 긍정적인 감정을 찾아 나서는 걸 주저하게 됐다. 이러한 나의 성향은 나의 라이프 스타일에도 영향을 끼치게 되었다. 혼자 있는 것이 편하고, 아무것도 안 하고 게임만 하는 생활에 익숙해져 버린 나머지 사람들을 점점 기피했고 점점 폐쇄적인 인간이 되어버린 것이다. 대체 왜 혼자 그러고 있냐고? 그게 편하고 익숙하기 때문이다. 아무것도 하지 않는 것……. 그게 정말 편해서 새로운 것을 시도하는 것 자체가 불편하게 느껴졌다. 그래서 난 **불편한 일을 하는 것이야**말로 이혼을 극복하는 좋은 방법이라고 생각했다.

골똘히 생각해봤다. 그럼 나에게 불편한 일은 어떤 것이 있을까? 제일 먼저 생각난 건 밖에 나가서 다른 이들과 만나는 커뮤니티 활동을 하는 것이었다. 생각만으로도 불편한 마음에 차라리 건강을 위해 운동을 하는 것이 더 낫지 않을까, 하는 생각도 해봤다. 하지만 내 대안은 모두 실패였다. 어느 순간 아무것도 하지 않고, 오히려 점점 더 깊은 동굴 속으로 들어가는 나 자신을 보게 된 것이다.

그래서 스스로 다짐했다. 나에게 가장 불편한 일인 '밖에 나가서 사람 만나는 일'을 해보자고……. 그렇게 다른 사람들과 만날 수 있는 여러 소셜 플랫폼을 찾다가 적당한 곳을 찾았고, 용기를 내어 내가 좋아하는 주제의 모임에 참석을 신청했다. 결론만 말하자면 나의 시도는 성공으로 끝이 났다. 처음에 사람들을 만날 때는 너무나도 어색하였지만, 어느 순간 그들과 이야기를 나누면서 활기를 얻어갔다. 더 나아가 사람들을 만나면서, 점점 이혼의 아픔들이 잊혀 가는 것을 느끼게 되었다. 이렇게 불편한 것을 한 번 하기 시작하니, 다른 불편한 일들을 하기는 더 쉬워졌다. 다른 사람을 만나는 것 이후에는 그림 그리기를 좀 더 잘하기 위해 그림 그리기용 태블릿도 샀다. 태블릿을 사니 그걸 가지고 다른 것들을 하고 싶은 생각이 들었다. 그래서 소셜 플랫폼에서 알게 된 분께 연락을 드려 도움을 청했다. 예전의 나라면 절대 하지 않을 그런 일을 너무나도 자연스럽게 해나갔다. 게다가 마음이 조금씩 편해지니 예전처럼 다시 책도 읽고 사색을 하는 시간도 생겼다.

만약 이혼으로 인해 힘든 상황을 겪고 있는 분이 있다면 이렇게 말해주고 싶다.

지금 당신에게 불편한 일을 시작하세요. 그 일이 사소해도 상관없어요. 일단 시작하면, 많은 게 변할 거예요. 마침내 새롭게 변화된 자신의 모습을 보게 될 것이에요……라고.

새 마음 단장하기

　이혼 조정 당시, 회사에는 이혼 준비에 대해 이야기하지 않았다. 아니, 할 수가 없었다. 내 이혼 이야기를 회사에 한다는 것은 나의 치부를 드러내는 부끄러운 일이라고 생각했고, 회사 사람들의 가십(gossip)거리가 되고 싶지 않았기 때문이었다. 그래서인지 오히려 이혼 후에도 어떻게 평범한 척, 이혼 안 한 척하면서 살 것인지를 곰곰이 생각하는 데 시간을 더 많이 쏟았다. 그러던 어느 평범한 토요일 아침, 그때도 여느 때와 같이 미술 수업을 받으려고 준비하고 있는데 갑자기 나에게 한 가지 의구심이 들었다.

난 이혼 후에 대한 준비를 잘하고 있나?

문득 생각난 이 질문은 길을 걷고 있던 나의 발길을 잡기에 충분한 질문이었다. **'이혼 후 삶에 대한 준비?'** 한 번도 생각을 제대로 해 본 적이 없는 주제였다. 아니, 깊이 생각해 볼 시도도 하지 않았던 그런 주제였다. 이 질문에 대한 답을 미리 하자면 난 여태까지 이혼 후 삶에 대해 제대로 생각해 본 적이 없었다. 아니, 그걸 생각해야 할 필요성을 느끼지 못했다는 것이 더 정확한 표현일 것 같다. 하지만 이혼 후 삶, 새 마음을 준비하는 것이 나의 삶에서 얼마나 큰 역할을 할 것인지 본능적으로 느끼게 되었다. 그러한 이유로 '새 마음 단장'을 위한 준비에 대해 고민해봤다.

1. 이혼 후 내 삶을 예상해 보기

이혼은 중요한 사건이다. 삶을 살아가면서 평생 한 번도 경험해 보지 않는 사람들이 더 많은 일이다. 게다가 남에게 자랑할 수 있는 일도 아니고 이혼이 흔하다고는 하지만 주위에서도 보기 쉽지 않기 때문에 참고가 될 만한 것도 없다. 그렇기에 이혼 후 내 삶에 대해서 예상해 보는 것이 정말 중요하다는 생각이 들었다. 사실 당시엔 이혼 후에 내 삶이 어떨지는 나도 예상할 수 없었다. 아직 해보지도 않았는데, 무슨 차이를 느낄 수 있을까? 다만, 마음이 아프고, 정말 혼자가 되었다는 생각이 들 것 같다는 정도만 어렴풋하게 생각해 볼 수 있었다. 누군가는 자유로움에 대해 상상해볼 수도 있겠지만, 혹 그런 이야기를 하는 사람을 보면 (미안하지만) 뒤통수를 한 대 세게 때려주고 싶다. 이혼은 누군가를 사귀는 것과는 다르다. 특히 나처럼 혼인신고까지 한 사람이라면, 평생 마음속에 남는 흉터를 간직하고 살아야 하기 때문이다. 그렇기에 '이혼=자유'라고 이야기하는 주위 친구를 보면서 화를 내기도 했다. "이혼해 보지도 않고, 어디서 자유를 이야기하냐"라며 말이다. 하지만 이혼=자유란 공식이 꼭 틀린 건 아니다. 어떤 면에서는 이혼 후 아내와의 관계와 영향으로부터 자유로워지기도 했기 때문이다. 그러나 그러한 자유로움에 대한 기대보다 열심히 학교에 다니던 학생이

방학을 맞이하면 아무것도 안 하고 시간을 허비하듯이, 나도 가정에서 자유로워지면서 시간을 허랑방탕하게 사용하지 않을까, 하는 걱정을 더 많이 했다. 내가 이혼 후 가장 경계해야 하는 내 삶은 바로 '계획 없이 시간을 허비하는 것'이었다. 더 이상 아무것에도 신경 쓰지 않고 자포자기하고 그냥 삶을 살아가는 것 말이다.

2. 인간관계에서 내 마음 열기

아내와의 문제로 인간관계에서 내 마음의 문을 완전히 닫고 지낸 적이 있었다. 상황이 그렇다 보니, 새로운 인연을 만난다는 게 두려웠다. 그냥 혼자 사는 게 낫겠다고 생각했다. 주위에서는 '이혼이 인생의 실패'인 시대는 지났다며 이혼을 부끄럽게 생각하지 말라는 이야기를 했다. 나도 그들의 말에 동의한다. 하지만 그럼에도 내 마음속 한구석에는 부끄러움의 감정이 있다는 걸 숨길 수가 없었다. 그리고 다른 사람을 다시 만난다고 하더라도, 또다시 이런 일이 일어날까 싶어서 두렵고 걱정스럽기도 했다. 만약 또 이런 일이 일어나면 그땐 진짜 다시 일어날 자신이 없기 때문이다. 하지만 내가 누구인가? 난 사람을 좋아하는 성격이다. 그렇기에 절대 혼자 살 수는 없는 인간인 것이다. 그래서 이혼 후에, 사람을 만나지 않고 배척하지 않도록 마인드 컨트롤을 잘해야겠다고 생각했다. 새로운 이성을 만나도 이혼남이라는 사실에 위축되지 않도록 나 자신에게 긍정적인 마음을 심어주고, 새로운 사람들을 만날 수 있는 기회를 계속 만들어 나가자고 생각했다.

3. 일어나지 않은 미래에 대해 걱정하지 않기

이 점이 나에게 가장 어려운 과제였다. 이혼을 준비하며 우울하고 수치스러운 마음이 들었던 이유를 생각해 보면 대부분 아직 일어나지 않고, 평생 일어나지 않을 수도 있는 그런 일들을 미리 생각했기 때문이었다. 이혼하기도 전에 이혼 후에 새로운 사람과 인연 맺는 것을 걱정하고 있었던 것이다. 결국 난 내가 예측할 수 없는 미래의 불확실성을 걱정하면서 나 자신의 손발을 다 묶어 버리고 있었다. 이혼을 하기도 전에 이미 날 패배자이자 루저로 생각하고, 앞으로의 삶에 대해 걱정하고 있었다. 내가 이혼을 준비하면서, 피해야 할 가장 큰 문제가 이것이 아닐까, 하는 생각이 들었다. 일어나지 않은 미래에 대해 고민하지 않는 것 말이다. 하지만 이게 말처럼 쉬운 일은 아니다. 일어나지 않은 미래에 대해 고민하거나 걱정하고 불안해할 필요가 없음을 누구보다 잘 알지만, 그 후로도 한참 동안 이혼 후의 삶을 상상하며 잠을 설치는 일이 허다했으니까. 초등학교 때 배운 도덕 수업 내용처럼 상식이지만 실천하려면 참 힘든, 그런 류의 마음가짐이었다.

이혼을 준비하며 내 마음을 돌아보고 새 단장을 하는 것.

어쩌면 이혼을 앞둔 사람들에게 가장 필요한 준비물인지도 모르겠다.

이혼 전야, D-1

"딩~~동~"

핸드폰으로 문자가 왔다. 내일 이혼 관련하여 지정된 시간까지 ○○가정법원으로 출석하라는 안내 문자였다. 이 문자를 받고 기분이 묘했다. 내가 처음 법원 기일을 받은 게 엊그제 같은데, 벌써 내일이면 법원에 가서 최종 이혼 조정을 하는 것이다. 사실 이쯤 되면, 마음도 착잡하고 씁쓸하니 기분이 안 좋을 것이라고 생각했다. 하지만 그런 기분은 들지 않고, 오히려 무덤덤한 느낌이다. 현장에 가면 바뀔 수도 있겠지만 말이다.

법원에서 처음으로 서류를 받고 나서 지금까지 나에겐 참 많은 변화가 있었다. 가장 큰 변화는 바로 나의 이혼에 대한 글을 쓰기 시작했다는 것이다. 내 이혼 이야기가 누군가의 관심을 받을 거라는 생각보다는 나의 아킬레스건과 같은 이혼을 인정하고, 새로운 한 발짝을 내딛기 시작했다. 또 한 가지, 여러 모임에 나가서 사람들을 만나고, 방안에만 콕 틀어박혀 있던 내가 점점 세상 밖으로 나왔다.

아내를 떠나보내야 하는 시간. 이제 완전한 남이 될 것이다. 삶에 한 부분을 차지했다 떠나가 버리는 사람. 오랫동안 그 사람을 잊지 못했지만 이젠 그 사람을 보낼 수 있는 준비가 되었다고 믿었다.

더 이상 도망치지 말고, 현실을 받아들이고 앞으로 나아가자!

이젠 그 사람을 보낼 수 있는 준비가 되었다고 믿었다.

내 편이 사라졌다, D-0

Finally, the day has come! (드디어 그날은 오고야 말았다). 회사에는 개인적인 사유(?)가 있다고 핑계 대고 연차를 썼다. 사실 전날 잠을 제대로 못 잘 줄 알았는데, 잠은 생각보다 잘 잤다. 아침에 일어나서 평소와 같이 아침밥을 먹고 샤워를 하고, 옷을 입으려고 했는데 고민이 되었다. '편하게 입고 갈까, 아니면 격식을 차려입어야 할까'. 사실 마음속으로는 편한 복장으로 가고 싶다는 생각이 들었지만, 그녀와 나의 마지막을 초라하게 장식하고 싶지는 않았다. 그래서 정장은 아니지만, 폴로티에 면바지로 깔끔하게 입었다. 그러고 난 후, 이혼 서류들을 챙겨서 법원에 가기 위해 차를 주차한 지하 1층으로 이동했다(어떤 서류도 필요하지는 않았지만, 혹시 몰라서 내가 등기로 받았던 서류들을 챙겨서 나왔다). 차를 타고 법원으로 이동하는데, 그제야 내가 이혼을 하러 간다는 사실이 실감 났다. 법원에 도착해서 차를 주차하고 난 후에, 나의 이혼 조정이 있을 장소로 이동했다. 내 이혼 조정 시간보다 약 한 시간가량 일찍 왔기 때문에 법원 앞 테이블에 앉아서 내 이혼 조정이 시작할 시간이 되기 전까지 기다렸다. 그렇게 십여 분을 기다렸고, 마침내 변호사에게 연락이 왔다.

안녕하세요. 법원에 도착했나요? 전 이미 법원에 와 있습니다.

법원이라는 특수한 공간이 주는 어색하고 무서운 분위기를 느끼고 있던 나에게 변호사의 문자는 왠지 오랜 친구의 문자처럼 반갑게 느껴졌다. 난 바로 변호사에게 회신했다.

네. 저도 지금 막 도착했습니다. 어디에서 뵐까요?

약간의 시간이 지난 후에 변호사에게 다시 문자가 왔다.

이혼 조정이 있을 사무실 앞에서 뵙기로 해요.

변호사의 문자를 확인한 뒤 바로 난 변호사가 말한 장소로 이동했다. 그곳에 가니 변호사는 노트북을 무릎 위에 놓고 열심히 무언가를 작업하고 있었다. 그러다가 내 인기척을 느끼고는, 뒤를 돌아보고 가볍게 목 인사를 했다. 변호사는 "기분이 어떠냐"고 물었고, 난 "아직도 실감이 나지 않는다"라고 대답했다. 그렇게 이혼 조정 시간이 되기 전까지 난 변호사와 이런저런 이야기를 했다. 이혼 조정 시간 10분 전쯤, 변호사가 진지한 톤으로 나에게 말을 건넸다.

"조만간에 안에서 우릴 부를 거예요. 그러니까, 이제부터 긴장하고 계셔야 할 것 같아요. 그리고, 지금 해외에서 아내분께서도 대기 중에 계세요. 혹시 무슨 문제가 발생하거나, 확인할 것이 있으면, 메신저로 이야기를 나누면서, 이혼 소송을 진행할 거예요."

변호사의 이야기에 우습지만 난 배신감과 질투심이 났다. 내 전화는 받지도 않으면서, 변호사의 연락은 받은 것도 모자라 먼 외국에서 잠도 포기하면서 변호사의 연락을 기다리고 있다는 사실이 왠지 기분이 상했다. 하지만 이제 곧 이혼하는데, 당연한 일이기에 감정을 달래면서 내 이름이 호명되기를 기다렸다.

약 5분쯤 지나자 내 이름과 아내의 이름이 호명되었고, 나와 변호사는 함께 소법정으로 이동했다. 내가 입장한 소법정은 TV에서 보던 그런 책상과 의자가 있는 곳이 아니라 실제로 재판을 하는 장소였다. 처음 보는 법정에, 부모 모르게 무언가 사고 친 다섯 살 어린아이가 된 것처럼 잔뜩 긴장해서 안내한 자리에 앉았다. 소법정에는 2명의 조정위원과 아내를 대변하는 변호사, 그리고 나 자신을 포함하여 총 4명이 참석했다. 변호사와 내가 의자에 착석하고 나서, 이혼 조정이 시작되었다. 이혼 조정에서 새롭게 논의된 내용은 없었다. 이미 서로 간의 조건에 대해 조율을 하고 왔기에, 그곳에서는 쌍방 간의 협의 사항에 대해 다시 한번 확인하는 시간으로 진행되었다. 원만한 이혼을 위한 서로의 조건을 확인한 후, 조정위원들은 우리의 이혼 조건들을 인쇄하여 자신들이 정리한 내용들을 확인해 달라 요청했다. 그리고 개별적인 확인이 완료되면, 이혼 당사자 각자 이름 옆에 서명하면 된다는 것도 안내하면서, 인쇄된 서류를 전달했다. 별 의미는 없겠지만, 난 이혼 조건들을 다시 한번 읽었다(이 모든 게 꿈이길 바라는 마음으로). 내용을 한 번 더 읽고 난 후에 내 이름 옆에 서명을 했다. 서명한 서류를 변호사에게 건넸고 변호사 또한 아내 이름 옆에 (대리) 서명을 했다. 조정 위원은 우리 둘이 서명한 서류를 받고 난 후, 소법정 뒤의 문을 열고 들어가서 판사에게 모든 조정이 끝났음을 알렸다. 조금 후에 판사가 와서 우리의 조정 내용과 서명을 한 종이를 받아서 확인한 후, 한 명 한 명의 이름을 호명했다. 그리고 이혼 조건을 읽어주고, 이혼에 동의하냐고 물어봤다. 바로 이때였다. 나의 심장이 미친 듯이 요동치기 시작한 것이. 이제 여기서 "네"라고 말하면 끝인 것이다. 지금까지 모든 일들에 종지부를 찍는 것이다. 난 요동치는 심장을 느끼면서, 숨을 길게 들이마신 후에 조용히 대답했다.

"네."

판사는 나와 변호사의 대답을 듣고, 공식적으로 이혼했음을 판결했다. 그렇게 우리의 결혼은 끝이 났다. 길었던 우리의 결혼은 소법정에 들어간 지 20여 분 만에 끝이 났다. 밖에 나와서 변호사는 나에게 고생 많았다는 이야기를 해주며, "앞으로는 자신만을 위해 행복하게 살라"라는 이야기를 건넸고, 나도 그러한 변호사의 진심이 느껴져서 고맙다는 인사와 지금까지 우리 이혼을 위해 준비해 준 것에 대해 감사하다는 말을 전하고 법정을 나왔다.

20XX년 어느 맑은 날, 난 결혼을 떠났다.

그렇게 영원할 것이라 생각했던 내 편이 사라졌다.

언제나 네 편이 되어줄게

혼자는 싫어, 골든 타임 30초

쿵! 쿵!

두근거림이 느껴진다. 쿵! 쿵! 심장 박동이 또렷하게 느껴진다. 그러다 갑자기 심장 박동이 엇박자로 뛰는 느낌이든다. 쿵! 쿵! 하는 심장 박동이 너무 크게 느껴지고 가슴이 뻐근해지기 시작한다. 동시에 숨이 제대로 쉬어지지 않는기분이 든다. 동시에 머리가 어지럽고 갑자기 기절할 것 같다는 생각이 드는데, 이때가 되면 죽음의 두려움이 내 온몸을 지배한다. 어깨가 뻣뻣하게 굳고, 숨이 쉬어지지 않고 손이 얼음처럼 차가워진다. 다리에 힘이 들어가지 않아서 주저않고 싶은 생각이 든다.

앞에서 이야기한 증세는 내가 겪는 공황증세를 표현한 것이다. 몇 년 동안 잠잠했던 공황이 재발했다. 이런 공황증세의 시작은 보통 부정맥에서 시작해 심장 박동이 엇박자로 뛰는 것으로 이어진다. 이러한 공황이 발생하는 데까지 걸리는 시간은 단 30초. 그렇기에 30초는 나에게 공황장애를 벗어날 수 있는 골든 타임인 것이다. 그래서 부정맥과 공황증세가 같이 나타나면, 30초의 골든 타임을 넘기지 않으려고 사투를 벌인다. 죽음의 공포가 내 머릿속을 휘저을 때마다 자신에게 이야기한다. '숨 쉬는 데 문제없어. 죽지 않으니까, 걱정하지 마. 천천히 숨을 쉬고 마음을 안정시켜봐.' 이렇게 나를 조용히 달래면 공황증세는 조금씩 사라진다. 그렇게 30초의 골든 타임을 지켜내는 것이다. 하지만 문제는 이 골든 타임을 몇 시간 또는 며칠 동안 불규칙하게 계속 지켜내야 한다는 것이다. 증세가 괜찮아진 것 같아 다른 일을 하는데 불시에 공황이 기습한다. 그렇게 공황 증세가 나타날 때마다 난 어김없이 30초 골든 타임을 지켜내기 위해 사투를 벌인다. 가장 효과가 좋은 건 한 가지 일을 집중해서 생각하는 것이다. 무엇인가 생각하고 고민하다 보면 증세가 조금씩 진정되곤 하니 말이다. 이혼한 뒤 겪는 복합적인 감정(좌절, 외로움, 두려움 등)으로 인해 공황 증세가 악화되었다.

공황 증세가 재발하면서 내 머릿속 잡념을 없애기 위해 여러 가지 생각들을 정리했다. 그러던 중 어떤 생각이 머릿속을 스쳐 지나갔다. '내 이혼 이야기를 주제로 책을 한번 만들어보자.' 문득 책을 써 보겠다는 생각이 들었고 홀린 듯 그 생각에 집중하기 시작했다. 일단 어떻게 하면 책을 출간할 수 있을지 방법을 찾아봤다. 제일 좋은 방법은 출판사를 통하는 것이었다. 하지만 무명인 나의 글에 관심 가져줄 출판사는 없을 것이라고 생각했다.

'어떻게 나 같은 사람이…'라는 생각을 했지만 시도도 하기 전에 포기하지 않기로 다짐했다. 불가능해 보이는 것에 도전한다고, 도전하는 것만으로도 의미가 있다고 생각했다. 미래는 예측이 안 된다. 그렇기에 시작도 하기 전에 포기하고 싶진 않았다. 너무 오랫동안 나 스스로 한계를 세우고 삶을 살아왔다. 그러나 이제는 더 이상 현실 타협만 하는 삶을 살고 싶지 않았다. 그래서 조금씩 내가 할 수 있는 것부터 천천히 해보기로 했다. 자료를 찾고 글을 써서 차근차근 나의 이야기를 써 보는 것. 그렇게 예전부터 해보고 싶었던 일들을 하나씩 실천해보는 첫걸음을 떼기 시작했다.

삶이 어떻게 나를 이끌고 갈지는 아무도 모른다. 삶의 안락함을 벗어나서 도전하다 보면 지금보다 훨씬 나은 삶이 내 앞을 기다리고 있으리라는 믿음만 있을 뿐이다.

숨 쉬는 데 문제없어. 죽지 않으니까, 걱정하지 마.

혼자는 무서워

코로나에 걸렸다. 회사에서 일하고 있는데 오후부터 몸이 나른하고 열이 오르는 듯했다. 혹시나 하는 마음으로 퇴근하면서 자가 키트를 사 확인해 보니 코로나 양성이 나왔다. 주위에서 코로나 확진자가 많이 나왔을 때도 나는 멀쩡해서 코로나에 걸리지 않을 것이라 믿고 있었다. 그렇지만 그런 나의 믿음을 비웃듯이 코로나는 내가 예상하지 못한 순간에 나에게 다가왔다. 코로나 바이러스에 감염되니 몸에 오한과 근육통이 심하게 왔다. 저녁 7시가 넘어 병원에 가서 신속 항원 테스트도 받지 못하는 상황이었다. 그래서 곧장 집으로 가 타이레놀을 복용했다. 그리고 보일러를 켜고 원인을 알 수 없는 두려움을 억누르며 억지로 잠을 청했다.

1시간을 잔 것 같다. 그러다 갑자기 눈이 떠졌다. 아뿔싸. 심장이 엇박자로 뛰는 느낌이 들었다. 코로나 예방 접종을 했을 때와 똑같은 증세였다. '부정맥' 증상이었다. 기분 나쁘게 뛰는 심장에 이대로 죽는 게 아닐까 싶은 마음에 무서웠다. 애써 기분 탓일 것이라고 생각하고 잠을 자려고 했다. 하지만 계속 추운 느낌이 들고, 심장이 엇박자로 뛰는 게 심하게 느껴져서 두려움에 몸을 떨었다. 체온을 재보니 38.2도의 고온이었고 심박 박동수는 100을 뛰어넘었다. 보통 사람들에게 심박수 100은 높은 게 아니라고 할 수도 있지만 나에게 심박수 100은 높은 숫자이다. 일반 성인의 평균 심박수가 60 이상인데, 평소 나의 심박수는 50~60사이이었으니 말이다. 그래서인지 심장이 평균보다 빠르게 뛰는 게 더 공포스럽게 느껴졌고 그 느낌은 자꾸만 죽음을 연상시켰다.

'만약 내가 여기서 죽는다면? 누가 내 시신을 제일 먼저 발견할까? 나는 얼마 만에 발견될 수 있을까?'

무섭고 두려웠지만 그 상황에서도 나는 현실을 직면하고 있었다. 내 주위엔 아무도 없었다. 내가 혼자라는 걸 아는 듯 내 심장은 미친 듯이 엇박자로 뛰면서 날 괴롭히고 있었다. 그러나 난 죽고 싶지 않았다. 아니, 좀 더 정확하게는 혼자 죽고 싶지 않았다. 그래서 바로 119에 전화했고, 응급차를 타고 인근 병원 응급실로 이동했다.

응급실에서 피와 소변 검사를 하고 심박수와 혈압을 쟀다. 심장 박동이 한 번씩 건너뛰는 증세는 계속 이어졌다. 여러 가지 테스트를 하는 동안에도 난 추워서 몸을 덜덜 떨었다. 병실이 너무 춥다고 간호사에게 이야기하니 내 체온을 확인하고 해열제가 든 링거를 투여해 주었다. 다행히 열은 차츰 내려갔고 내 심박수도 다시금 정상 박동수를 찾아가기 시작했다. 그렇게 응급실에서 치료를 받고 새벽에 퇴원해서 집으로 돌아갔다. 집에 도착하니 시간은 이미 새벽 4시……. 집에 도착하자마자 이불 위로 쓰러져 잠을 잤다.

잠을 자고 일어나니, 열도 내렸고, 심장 박동도 정상으로 돌아왔다. 그렇게 한바탕 죽을 것 같은 경험을 하고 가장 크게 느낀 건 '혼자 살고 싶지 않다'는 것이었다. 누군가 좋은 사람을 만나서 함께 살고 싶다는 생각이 들었다. 사실 내가 아픈 건 괜찮다. 하지만 어느 날 내가 고독하게 죽은 뒤 싸늘하게 식은 나의 시신이 다른 사람들에게 늦게 발견되는 상상을 하니 무서웠다. 그건 바로, 잊혀짐에 대한 공포였다.

잊혀짐에 대한 공포야말로 상상을 초월하는 두려움이라는 걸 처음 느낀 순간이었다.

누군가 좋은 사람을 만나서 함께 살고 싶다.

혼자라 괴로워, 추석의 고통

새해가 엊그제 같은데 벌써 9월, 가을을 앞두고 있다. 작년은 정말 나에겐 다사다난한 해였다. 작년에 삼재 마지막해였으니 새해부턴 좋은 일만 일어날 줄 알았다. 그런데 그렇지 않다. 이혼하고 부정맥으로 건강이 나빠진 것을 보면서 '내 인생은 왜 이리 박복한가?' 하는 생각만 들었다. 누구말처럼 이혼을 기점으로 나에게 좋은 일이 더 많이 생길 거라고, 나도 조금은 희망을 품어봤지만 상황은 전혀 나아지지 않았다. 이혼한 후 이듬해는 내가 살아오면서 가장 힘들었던 해로 세 손가락 안에 꼽히기도 했다.

9월이 되니 날씨가 시원해져서 기분은 좋았지만, 깊은 고민에 빠지기도 했다. 바로 '추석' 때문이었다. 알다시피 추석은 좋은 날이다. 오랫동안 보지 못한 가족과 함께 좋은 시간을 보내는 날이다. 하지만 이혼한 나에겐 추석은 그 어떤 날보다 마주하기 싫은 날이다. 추석이 되면 고향 집에 내려가야 하는데 고향 집에 내려가면 큰 복병이 있다. 그건 바로 일가친척들……. 분명 내가 고향에 내려가면 전 아내와의 결혼 생활이 어떤지 물어볼 것이다. 그때 나는 어떻게 대답해야 할지. 상상만 해도 그 상황이 정말 싫었다.

　물론 이젠 제법 마음이 괜찮아져서 친척들을 만나도 담담히 이혼했다고 이야기할 수 있다. 하지만 추석에 고향에 내려가서 친척들에게 이혼 사실을 알리는 건 조금 다른 문제다. 바로 어머니 때문이다! 며칠 전 어머니와 통화하면서 추석에 어떻게 할지 이야기를 나눴다. 어머니는 내가 추석에 고향에 오기를 원하셨다. 그래서 나는 고향에 내려가서 친척들을 만나면 어떻게 대응할 것이냐고 물었다. 어머니는 "친척들을 보지 않으면 되는 것 아니냐"라고 대답하셨지만 나는 잘 안다. 그건 불가능한 일이라는 것을 말이다. 어차피 친척들은 명절에 우리 집에 올 것이고 그렇게 되면 질문 세례를 피하지는 못하게 될 것이다. 그래서 난 어머니에게 재차 물었다.

"명절 때 친척들이 물어보면 그냥 이혼했다고 말하려고요. 그래도 괜찮으시겠어요?"

어머니는 내 이야기를 듣고 한동안 아무 말도 하지 않으셨다. 내 이혼 사실을 친척들에게 말하는 것이 싫으신 것이다. 주저하는 어머니의 모습을 보면서, 나도 기분이 나빠졌다. 내가 이혼으로 인해 죄책감과 아픔을 느끼는 건 괜찮지만 왜 죄 없는 내 어머니까지 그 감정을 느껴야 하는 걸까. 물론 어머니는 죄책감 같은 건 없다고 하실 것이다. 그렇다 하더라도 어머니가 내 이혼 사실을 친척에게 알리는 걸 꺼리신다는 걸 아는 이상, 고향에 가고 싶은 생각이 없어졌다. 어머니가 나로 인해 친척들에게 거짓말을 해가며 불편한 상황에 놓이게 될 걸 잘 알기에……

어머니는 죄를 지은 것도 없는데⋯⋯. 그저 아들이 이혼하게 된 게 전부인데⋯⋯. 화가 났다. 왜 우리 어머니는 남의 눈치를 보고 죄책감을 느끼시는 걸까. 어머니의 마음을 이해하면서도 그 마음을 완벽하게 헤아려드리지 못하는 나 자신에게 또 한 번 화가 났다. 복잡한 마음이 일었고 이번 추석에도 난 고향에 내려가지 않겠다고 결론 내렸다. 어머니는 그래도 고향에 오라고 하셨지만 내려가지 않겠다고 했다. 고향에 내려가서 어머니의 모습을 볼 자신이 없고 이런 상황을 만든 나 자신에 대해 용서가 되지 않을 것 같았기 때문에⋯⋯.

언제쯤 나와 어머니 모두 웃으면서 추석을 맞이할 수 있을지 모르겠다.

언제쯤 나와 어머니 모두 웃으면서 추석을 맞이할 수 있을지 모르겠다. 🖊

혼자라 외로워, 시간과 기억에 대하여

이혼하고 혼자 살아가는 지금의 내 삶을 부러워하는 사람들이 주위에 많이 있는데, 그중 십중팔구는 결혼을 했다. 하지만 주위 사람들이 나의 삶을 부러워하는 만큼 나도 그들의 삶이 부럽다. 왜냐고? 그들은 내가 갖고 있지 않은 것을 가지고 있기 때문인데, 그건 바로 '시간'이다. 나는 가족과 함께하는 그들의 시간이 부럽다. 물론 나를 부러워하는 유부남들은 혼자만의 시간을 보낼 수 있는 나를 부러워하지만 말이다. 참 재미있는 것 같다. 서로 '시간'이라는 같은 것을 원하는데 그 시간을 함께하는 주체가 다른 것이. 서로 부러워하기보단 자신이 갖고 있는 것을 즐기는 편이 더 나을 텐데….

　내가 왜 가정이 있는 다른 이를 그리 부러워하는지 조금
더 깊게 생각해봤다. 내가 그들의 삶을 부러워하는 이유는
'시간' 외에도 여러 가지가 있지만 그중 가장 큰 것이 바로 '
기억해 준다는 것'이다. 날 기억해 주는 사람이 없을 것이라
는 두려움. 이혼하기 전까지는 내가 죽은 후에도 내 가족이
나를 기억해 줄 것이라고 믿었다. 그런데 아이도 없이 이혼
하니, 내가 죽은 후에 날 기억해 줄 사람이 없을 거란 생각
이 들었고, 그 생각이 날 점점 두렵게 만들었다. 물론 지금
이야 내 생각이 잘못된 것이란 걸 깨달았지만, 그 사실을 받
아들이기까지 두 번의 봄과 겨울을 보내야 했다.

　여느 때와 같은 금요일 밤이었다. 퇴근하고 원룸에 혼자
있는데 공황장애가 왔다. 여기서 기절하면 영영 눈을 뜨지
못할 것 같다는 생각이 들어, 끝까지 정신을 부여잡고, 바
지 주머니에 있던 약을 먹었다. 약을 먹고 얼마나 지났는
지 모르겠지만, 차츰 공황장애 증세가 진정되는 기분이 들

자, 갑자기 서글픈 생각이 들었다. '진짜 이러다 죽으면 누가 날 발견이나 해줄까?'라는 생각이 들었다. 차라리 괴롭더라도 이혼은 하지 않았으면, 내가 죽어도 아내나 (태어나지 않은) 내 애가 장례를 치러주고 매년 나를 기억해 주며 제사를 지내지 않을까, 하는 생각을 했다. 그때 처음 이혼한 걸 후회했다.

기분이 울적해서 휴대폰에 저장된 연락처를 뒤적여보았는데 막상 전화할 사람이 막냇동생밖에 없었다. 인생을 잘 못 산 것 같다는 생각이 들어 또 한 번 서글퍼졌다. 저녁 10시가 넘은 시간이었지만, 무작정 막냇동생에게 전화를 걸었다. 오빠로서 체면 같은 건 안중에 없었다. 그저 누군가와 대화를 나누고 싶었다. 전화를 걸었고, 막냇동생이 잠에서 깬 목소리로 전화를 받았다. 난 동생에게 '사람으로부터 잊혀짐'에 대해 두려움을 토로했다. 사람들이 날 기억해 주지 못하는 것에 대한 무서움과 홀로 죽는 것에 대한 두려움에 대해 눈물을 흘리며 쏟아냈다. 한참 동안 나의 넋두리를 들어주던 막내는 조용히 나에게 이렇게 말했다.

"오빠, 조카들이 오빠를 기억해 줄 거야."

　막냇동생의 말은 울림을 줬다. 이혼 후에 나를 기억할 사람이 아무도 없을 것이라는 막연한 두려움을 가지고 살았는데, 날 기억해 줄 사람이 있다는 사실만으로도 마음의 위안이 되었다.

　하지만 그럼에도 마음 한구석이 공허했다. 내가 바라는 '기억해 준다는 것'은 생각보다 훨씬 이기적이고 힘이 센 생각이었다. 단순히 나를 기억해 주는 것을 넘어서, 오랜 시간을 함께 보내면서 쌓은 추억과 같은 모양으로 나를 떠올려주기를 원했으니까. 함께 살면서 서로 싸우기도 하고 기뻐하기도 하면서 인생(시간)을 공유하는 가족(공동체)으로서의 시간과 기억을 원했다. 주위에 볼 수 있는 평범한 가족의 모습을 바랐다. 하지만 난 그걸 소유할 수 없었고, 그래서 난 결혼한 사람들이 가족과 보내는 '시간'을 너무나도 부러워했던 것이다.

이혼하고 3년은 결혼하여 아이를 낳고 살아가는 부부들이 부러웠다. 그래서 아이들이 자주 갈 만한 곳(놀이동산, 분식집 등)은 방문하지 않았다. 그곳에 있는 가족들을 보고 있자면, 부러움과 함께 나는 갖지 못함에 대한 울분을 느꼈기 때문이다. 외출할 때 보이는 평범한 가정들을 보면, 내 가슴 한켠을 뾰족한 무언가가 아프게 찌르는 듯한 서러움을 느꼈다. 밖에서 만나는 밝은 모습을 견딜 수 없어서, 집에만 틀어박혀 있으려고 했다. 사람들과 대화하는 것도 거부했다. 그렇게 차곡차곡 나의 울분을 복리이자로 쌓아가고 있었다.

그렇게 쌓이던 나의 울분이 눈 녹듯이 한순간에 사라진 건 우연히 접한 어느 유튜브 덕분이었다. 그날은 평범한 화요일이었다. 난 습관처럼 유튜브를 시청하며 소파에 멍하게 앉아 있었다. 그러던 중 어느 역사학자가 설명하는 고려의 가족에 대한 이야기를 접하게 되었다. 놀랍게도 그는 고려시대에는 가족이나 아이에 대한 개념이 강하지 않았으며, 지금의 가족에 대한 개념은 조선시대 성리학의 영향을 받은 것이라고 이야기했다. 흥미로운 이야기였다. '내가 왜 이렇게 대를 잇는 것과 가족이 나를 기억해 주는 것'에 대해 목을 매달고 집착하는지 다시 한번 생각해봤다. 유튜브를 보기 전까지는, 누군가 나를 기억해 준다는 것에 관한 문제에 대한 답을 내 가족, 그러니까 나의 배우자를 비롯한 직계비속만이 낼 수 있다고 생각했다. 그러나 그 유튜브 영상을 시청하고 나서 생각이 바뀌었다. 친구, 연인, 그리고 내 동생이나 조카들 또한 나를 기억해 줄 수 있는 충분한 사람들이라는 것. 그들이 진정 나를 기억할 수 있도록 하려면, 그들과 시간을 보내고 좋은 추억을 쌓으며 내가 더 노력해야 한다는 생각이 들었다. 결국 '기억해 준다는 것'이라는 문제의 해답은 다름 아닌 내가 갖고 있음을 깨달았다.

생각이 여기까지 미치자 '기억해 준다는 것'에 대한 개념도 확장할 수 있었다. 세상에 '나'라는 사람에 대한 흔적을 물질적으로 남기는 것도 좋은 방법이라고 생각한 것이다. 즉 책을 출간함으로써 대중에게 나를 알리는 것도 사람들이 나를 기억하는 좋은 방법이지 않을까. 더 나아가 출판 외에 지금까지 내가 배운 그림과 캘리그라피, 그리고 사진들을 모아서 개인전을 기획하고 사람들과 나누면서 나에 대한 기록을 최대한 많은 사람에게 남기면 좋을 것 같다는 생각도 들었다.

누구에게나 인생은 한 번뿐이고, 끝이 나면 다시 시작할 수 없다. 그렇기에 지금 주어진 이 시간이 얼마나 값진지를 항상 기억해야 한다. 삶의 형태와 모양만 다를 뿐 모두의 시간은 귀하다. 그러니 나는 내 방식대로 사람들과 교감할 수 있는 다양한 시도를 해 보려고 한다. 이를 통해 나를 기억해 주는 사람들이 많아진다면, 그것만으로도 내 시간은 충분히 보람있게 사용되는 거라고 믿는다.

'기억해 준다는 것'이라는 문제의 해답은 다름 아닌 내가 갖고 있다.

혼자라 우울해, 줄타기

이유는 모르겠다. 그런데 한 주 동안 아내에 대한 생각을 많이 했다. 이혼 전 결혼 생활에 대해 생각하면서 자꾸만 스스로 우울한 감정을 불러일으켰다. 그래서인지 전처에 대한 꿈도 자주 꿨다. 꿈에서 아내는 성공한 삶을 살고 있었다. 성공적으로 자신의 커리어를 쌓고 멋진 남자를 만나서 행복하게 있는 아내……. 그리고 그녀와는 정반대의 모습으로 살고 있는 내 모습. 아내의 유학을 지원하느라 모은 돈도 없어서 회사에서 제공하는 숙소에서 살다 근처 원룸을 구해 나간 내 모습……. 꿈에서 아내는 정말 행복해 보였고, 내 모습은 너무 비참했다. 그렇게 난 불쾌한 기분으로 꿈에서 깼지만, 뒷맛이 좋지 않은 꿈은 한 번으로 끝이 나질 않았다. 한 주에만 3번 이상 유사한 꿈을 꿨다. 하루는 아내에 대한 꿈, 하루는 아내의 부모에 대한 꿈, 또 하루는 (태어나지 않은) 아이들과 아내와 행복하게 사는 꿈을……

　이혼하고 시간이 조금 지나서 그런 걸까. 전 처에 대한 부정적인 감정이 사그라 들었다(믿지 못할 수도 있겠지만, 앞에 언급한 꿈은 부정적인 감정에서 많이 벗어난 후의 꿈이다. 그만큼 지면에 표현하기도 어려운 악몽을 매주 3~4회씩 경험했다). 그래서 나 또한 이혼의 고통에서 벗어나고 있다고 아니, 벗어났다고 생각하고 있었다. 하지만 그런 게 아니었다. 원룸을 구해서 이사를 하고, 짐을 정리하고 나만의 공간이 생기니 갑자기 이런 생각이 들었다. '내가 이혼 전에 원룸을 구해서 아내와 함께 살았다면, 이혼이라는 결과는 피할 수 있지 않았을까?' 갑자기 원룸과 이혼이 무슨 연관이 있을지 궁금하실 분을 위해 좀 더 설명하자면, 아내가 귀국했을 때 난 사택에서 거주하고 있었다. 아내는 자기 부모의 집에서 지냈고, 부모와 함께 사는 것을 너무 괴로워했다. 그래서 나에게 하루빨리 원룸이라도 구하자고 했지만, 그때 난 아내의 유학비용을 지원하느라 모아둔 돈이 거의 없었다. 게다가 나는 지방에서 근무하고 있었지만, 아내는 직업 특성상 수도권을 벗어날 수 없었다(내가 느끼기엔, 아내는 불규칙적인 자기의 커리어를 위해, 지방에서 수도권으로 이동하는 불편을 감수할 생각이 없었던 것 같다). 아무튼 아내는 귀국 후에도 경제활동을 하지 않고 나의 지원을 받으면서 살았다. 가끔 아이들을 가르치기도 했지만, 그건 아내의 용돈벌이 정도밖엔 되지 못했다. 물론 그렇게 번 돈은 아내 자신을 위해서 썼다. 나는 지방에서 일하면서 돈을 벌어야 하니까 수도권에 집을 구하는 게 큰 부담이었고, 아내는 지방으로 이동하는 걸 원치 않았다. 그래서 아내가 귀국한 뒤에도 별거를 했고, 그러다 보니 우리 사이의 다툼이 심해진 게 아닐까, 하는 생각을 했다. 내가 이혼 전에 딱 하나 아내를 위해 노력하지 않은 것이 원룸을 구해 함께 사는 것이다 보니, 그때 원룸을 구해서 함께 살았으면 이혼이라는 결과만은 피하지 않았을까, 하는 생각이 자주 들었다(이때만 해도 함께 원룸에서 살면서 행복한 가정을 꾸리고 살아가는 꿈(악몽)을 자주 꾸곤 했다).

지금에 와서는 의미 없는 바람이지만, 몸과 마음이 편해지기 시작하니 다시금 예전에 묵혀둔 생각과 감정이 되살아났다. 그리고 쓸데없는 생각을 하기 시작했다. '내가 조금만 더 아내에게 잘했더라면, 이혼을 피할 수 있었을 텐데…… 내가 부족했기 때문일 거야'라고…….

한동안 이렇게 자책하고 나면, 갑자기 우울해지면서 내 주위의 모든 일이 다 의미 없이 느껴졌다. 아무것도 하고 싶지 않다는 생각이 들었다. 태어난 김에 사는 삶이지만, 그 삶이 재미가 없으니 살 필요가 없다는 생각마저 들었다. 그림을 그리거나 사진을 찍는 것도 할 의욕이 없었다. 그림은 숙제를 하기 위해 억지로 하는 기분이고, 사진은 전혀 찍지 않았다. 날씨 탓인지 아니면 어떤 이유인지 모르겠지만, 정말 아무것도 하고 싶지 않다는 생각이 들었다. 우울증과 아슬아슬한 줄타기를 하고 있는 느낌이랄까. 조금만 중심을 잃으면, 줄에서 떨어져 끝이 없는 바닥에 떨어져 버리는 아슬아슬한 줄타기 말이다.

이렇듯 떨어질 듯하면서도 용케 중심을 잡고 있을 수 있었던 건, 바로 내 손에 잡혀있는 사람이라는 조그마한 부채 덕분이었다. 중심을 잃으려고 할 때마다 이 조그마한 부채 덕분에 중심을 잃지 않고 서 있을 수 있었다. 매주 나와는 다른 삶을 사는 사람들을 만나고, 생각을 나누면서, 한쪽으로 기울어지려고 하는 내 마음의 균형을 아슬아슬하게 맞추고 있었다.

주위에서는 새로운 이성을 만나보라고 했다. 하지만 새로운 이성을 만나는 것도 두렵기는 마찬가지였다. 나의 진짜 모습을 알게 되면 나의 부족함을 보고 실망하고, 그렇게 전처와 같이 날 떠나갈 것 같았기 때문이다. 그래서 누군가를 만나고 상대가 나에게 호감을 표현하면 덜컥 겁이 나서 도망쳤다. 나를 조금만 더 알면 실망스러운 내 모습을 들킬 것 같아서, 무서워서……

오늘도 다 찢어진 자그마한 부채를 들고 육중한 몸으로 아슬아슬하게 줄타기를 했다.

'괜찮다. 괜찮아.' 스스로 되뇌고 다독이면서.

혼자라 조급해, 나이를 먹어간다는 건

이야기하기 부끄럽지만 내 생각에 난 아직도 30대 중반의 활기 넘치는 사람 같다. 즉 나이를 잊고 사는 것이다. 보통 내 나이 또래의 사람들이 하는 고민을 하지 않고 혼자서 살아가고 있기 때문에, 나이에 대한 무게감이 결혼한 사람들보다는 가벼울 것이라고 생각한다(물론, 내 생각에 그렇다는 것이다).

하지만 때때로 '스스로 30대 중반의 활기 넘치는 사람이라는 생각'이 와장창 무너지곤 했다. 바로, 내 또래의 사람들을 만날 때 그랬다. 나는 그들을 만날 때마다 나보다 최소

5~10년은 더 나이가 많을 것이라고 느끼곤 했다. 당연히 내 느낌은 편파적이라는 것을 잘 안다. 하지만 내가 또래보다 젊다고 생각하려한 데는 이유가 있다. 내가 가정을 꾸리고 살아가는 내 또래 사람들과 비교해 우위에 있을 수 있는 유일한 부분이 '젊음(성장 중인 자아)'이라고 생각했기 때문이다. 그러다 보니, 내가 또래 사람들보다 젊다고 생각하지 않으면 자존감이 떨어지고 급기야는 삶의 동기가 사라질 것이라 생각했던 것이다. 그래서 스스로 어둠 속으로 파고들 때면 '넌 아직 젊잖아'라고 다독이면서 나 자신을 구출하곤 했다.

그러나 이제는 현실을 잘 직시하고 있다. 주위 사람들이 나에게 젊다 하는 건, 진짜 내가 젊어서가 아님을…… 하지만 여전히 나이값을 못하고, 스스로를 30대 중후반으로 생각하며 (실제 나이인 40대 중후반의 아재로 나를 바라보는) 다른 사람들 앞에서 젊은 사람인 듯 행동하는 내 모습을 발견하곤 한다. 그럴 때마다 난 쥐구멍이라도 숨고 싶을 만큼 부끄러워서 집에서 조용히 이불만 찬다.

내가 생각하는 나이(30대)와 실제 나이(40대) 사이에 차이가 너무 커서 처음엔 내 나이를 인정하는 것이 쉽지 않았다. 아내와 함께 보낸 10년이 약간 안되는 시간을 인정하고 싶지 않았다. 결혼과 이혼 그리고 이혼의 상처로부터 극복하기 위해 보낸 시간을 내 인생에서 거둬내면 난 여전히 결혼 적령기를 조금 지난 30대 남성이니까…. 내 결혼을 없던 일로 만들고 싶은 내 무의식의 바람이 나에게 이런 나이의 간극을 만들어 낸 것이다. 이혼 후에 참석한 모임에서 20대 후반에서 30대 중반인 사람들을 주로 만나다 보니, 내 나이를 잊고 살게 된 것도 한몫한 것 같다.

하지만 요즘 들어 나와 비슷한 또래의 사람들을 소개로 만나면서 내 나이에 대한 자각을 하게 된다. 그렇게 현실을 직시하는 충격 요법을 받고 나서 조금씩 (인정하기 싫지만 어쩔 수 없이) 현실을 받아들이기 위해 노력하고 있다. 40대인데 30대로 생각하고 사람들을 대하면 영영 새로운 인연을 만나지 못할 것 같아서…….

나이는 숫자에 불과하다는 이야기가 있지만 하루하루 약

해지는 체력과 건강을 보면서 내 나이를 체감한다. 매년 갱신하라고 연락해 오는 자동차 보험 안내서의 내 나이를 보며 또 한 번 나이가 들어가고 있다는 것을 체감한다. 이젠 슬슬 내 나이를 인정하고 나이를 먹어감에 대해 감사하며 살아가는 법을 배워야 할 텐데….

그런데 내 인생은 아직 전반전인데 왜 벌써 후반전인 것처럼 생각하는 걸까?

혼자라 두려워, 다시 시작하기 두려워

친한 지인을 통해 나와 동갑내기 여성을 소개받아 만났다. 오랜만에 하는 소개팅인 만큼 잘해보려 했으나 첫눈에 호감이 생기지 않아서 최대한 빨리 끝내려 했다. 하지만 대화를 나누면서 서로 통하는 부분이 많았고 1시간으로 마무리하려던 만남은 2시간가량으로 늘어났다. 그렇게 서로에게 좋은 인상을 남겼다.

첫 번째 만남 이후 나는 해외 출장을 가게 되었고, 두 번째 만남은 약 한 달 정도 지나서 이루어졌다. 두 번째 만남에서도 상대에 대한 내 마음은 크게 변함이 없었다. 이성적 호감은 아니었지만 대화하면 할수록 편안함을 느꼈다. 마치 오래 알고 지낸 친구와 대화하는 느낌이었다. 그렇게 이런저런 이야기를 나누다가 연애에 대한 이야기가 나왔다(나이가 들어도 연애 이야기는 재밌다). 서로의 연애관과 마지막 연애에 대해 이야기를 하던 중 상대가 나에게 호감을 표현했다. 솔직히 소개팅 상대의 돌직구에 당황했다. 내가 이성적 호감이 없어서이기도 했지만 두 번 만나고 무언가를 결정한다는 게 덜컥 겁이 나기도 했다. 이혼한 아내도 석 달이 채 안 되는 짧은 연애 기간을 보내고 결혼했다. 그래서 한 번 만나고 문자로만 대화를 했던 상대의 갑작스러운 호감 표현은 나를 당혹시키기 충분했다. 그 자리에서 도망치고 싶었다. 예전과 같은 실수를 다시 하고 싶지 않기도 하고 내가 감정이 없는데 서로 만나다 상처를 주고받을까 봐 주저했다.

게다가 상대는 내가 '돌싱'인 걸 모르고 있다. 내가 돌싱임을 이야기할 필요도 없고 상대도 물어보지 않아서 굳이 말하지 않았다. 하지만 언젠가는 이 문제를 짚고 넘어가야 할 텐데, 그 시기가 언제가 되어야 할지 도무지 알 수가 없었다. 당장 이야기를 해야 한다는 생각이 들지만 그렇게 해서 상대와 관계가 깨지는 것이 싫었다. 그렇지만 내가 상대에게 호감이 있는 것도 아니었다. 그렇다! 사귀기는 원치 않지만, 이대로 관계를 끊기는 싫은 지극히 이기적인 내 마음에 당혹스러웠다.

내 이기적인 마음이 통 마음에 들지 않아 여동생과 친한 이성 친구에게 나의 상황을 털어놓고 상담했다. 그들은 최대한 빨리 내가 돌싱인 걸 밝히라고 조언해줬다. 물론 나도 잘 알고 있다. 빨리 내가 돌싱임을 알리는 것이 호감을 표현한 상대에 대한 배려라는 것을 말이다. 하지만 사실을 말하는 것에 대해 주저했다. 왜일까? 아마 가장 큰 이유는 '거절에 대한 두려움' 때문이었다. 이미 한 번 큰 거절을 경험했고 그 경험이 아직 아물기 전인데, 다시 한번 어떤 형태로든지 관계의 거절 또는 단절을 경험하면 내가 잘 견딜 수 있을지 자신이 없었다. 호감이 없으면서도 고민하는 나 자신이 위선자처럼 느껴져서 답답하면서도 이런 내 모습이 참 이기적인 것 같다고 생각했다. 그렇게라도 내 마음이 다치지 않기를 바랐다. 비겁한 변명처럼 들리겠지만 당시엔 그 마음이 내게 꼭 필요했다.

이야기하느냐! 마느냐! (To be or not to be) 그것이 문제로다.

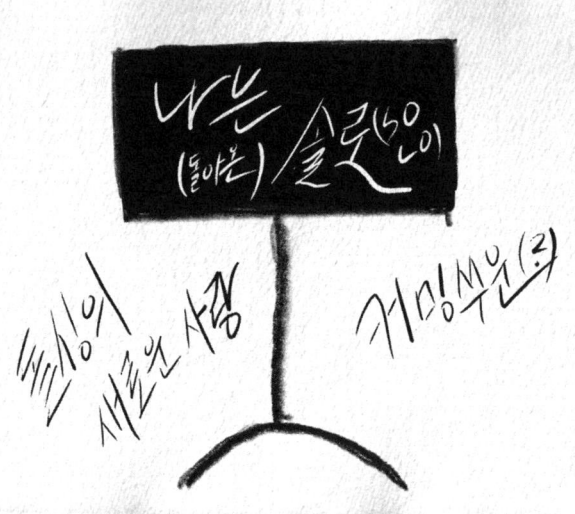

혼자라 두려워, 다시 시작하기 두려워.

혼자지만 견딜만 해, 좋은 사람

미국에 거주하고 있는 멘토에게 전화가 왔다. 시차 때문에 보통 새벽 일찍 전화가 와서 멘토의 전화를 자주 못 받곤 하는데, 새벽에 눈이 떠진 덕분에 전화를 받을 수 있었다. 오랜만에 하는 멘토와의 전화 통화는 반가웠고 우리는 여러 대화를 나눴다. 먼저 서로의 안부를 물었다. 멘토는 가족 일로 바쁘고, 난 혼자라서 외롭다는 훈훈한 덕담(?)을 나눴다. 그러던 중 나는 멘토에게 이혼 후에 느끼고 있는 정리되지 않은 감정을 털어놨다.

중년의 나이가 되니 새로운 사람을 만난다는 게 하늘에서

별 따기보다 어렵다는 것을 깨달았다. 특히 이성을 만난다는 건 모래에서 작은 바늘을 찾는 것보다 어렵다는 생각이 들었다. 물론 특출한 외모나 엄청난 재력 또는 뛰어난 화술과 친화력을 가지고 있는 사람이라면, 나의 고민이 와닿지 않을 것이다. 하지만 평범한 사람 중에서도 지극히 평범한 내가 새로운 인연을 만나기란, 공부를 전혀 하지 않고 서울대에 입학하는 것만큼 불가능한 일이다. 멘토에게 나의 혼란한 마음을 이야기했고 그에게 조언을 구했다. 보통 내 삶의 문제가 있을 때 지혜로운 해답을 주던 멘토는 이번에도 우문현답을 해줬다.

"좋은 사람이 되면, 좋은 사람들이 올 거야."

좋은 사람! 말하기는 쉽지만 행하기는 어려운 이야기다. 도대체 좋은 사람은 어떤 사람일까? '남에게 한없이 베풀어 주는 사람? 금전적이나 정신적으로 의지가 되는 사람? 다른 이에게 존경받는 사람?' 여러 가지 경우의 수를 생각해 봤지만, 멘토가 말한 좋은 사람이 도대체 어떤 사람인지 전혀 알 수 없었다.

　중년의 나이가 되어서 이성 또는 새로운 인연을 만나는 것은 꽤 많은 에너지와 용기가 소모되는 일이다. 나와 비슷한 또래 아니 30대 중반만 되어도 사람들은 다른 이를 만날 때 상대의 조건을 먼저 확인한다. 상대가 얼마를 벌고, 어떤 집에서 사는지를 확인한다. 그리고 결혼과 이혼 여부를 확인하고 최종적으로는 아이가 있는지도 확인한다. 물론 상대의 조건을 확인하는 것 자체가 잘못은 아니라고 생각한다. 나 또한 상대를 만날 때 상대의 조건이 궁금하기 때문이다. 다만 내가 그러한 '조건을 보는 행동'에 대해 불편함을 느끼는 건 앞에서 열거한 조건들 대부분을 스스로 충족하지 못한다는 것을 잘 알기 때문이다. 전처 유학을 지원하기 위해 모아둔 재산을 다 쓰고 현재는 머리 뉠 수 있는 내 소유의 집도 없다. 차는 연식이 아주 오래된(15년 이상) 구형 자동차를 보유하고 있다. 다행히 안정적인 직장이 있고 돈도 내 나이 또래 사람들과 비교했을 때 평균 정도는 벌고 있지만, 제대로 된 재정적인 조건을 갖추지 못한 상황이다 보니 다른 사람을 만나는 건 그저 언감생심인 것이다.

    하지만 멘토가 말한 좋은 사람이 의미는 '조건을 갖춘 사람'의 의미만은 아니라고 생각한다. 멘토가 말한 좋은 사람은 외면적인 것 이상의 내면을 소유하고 있는 사람일 것이다. 지금 내 상황에서 앞에서 말한 경제적인 조건들은 몇 년만 준비하면 어느 정도 만족시킬 수 있다. 하지만 내면의 조건은 얼마나 오랜 시간이 걸릴지 아무도 모른다. 그렇기에 내면을 가꾸는 일에 조금 더 힘을 쏟아야 한다. 내면의 아름다움을 위해서는 무엇이 필요한지 고민하고 그 요소들을 하나씩 나 자신에게 채워가도록 노력해야겠다. 뭐든 시작이 반이라고 했다. 우선,

**   좋은 사람이 되기 위해 노력하는 지금 나 자신이 '좋은 사람'이라 생각하자!**

좋은 사람이 되면, 좋은 사람들이 올 거야.

혼자지만 잘 살 거야, 보도블록 위의 지렁이처럼

비 온 뒤, 해가 뜬 날이면 보도블록에 말라죽은 지렁이를 자주 발견했다. 말라죽은 지렁이를 볼 때마다 왜 지렁이는 보도블록으로 올라와서 생을 마감하는지 궁금했다. 하지만 그 이유를 찾아볼 정도로 부지런하지 않아서 그냥 생각만 하고 끝내곤 했다. 그렇게 보도블록 위 지렁이에 대한 죽음은 까마득히 잊어버리고 무료하게 삶을 살아가던 중 우연한 기회로 지렁이의 죽음에 대한 미스터리를 풀게 되었다.

며칠 전(정확히 어디에서 읽었는지 출처는 기억이 나지 않지만), 지렁이가 보도블록에서 말라 죽어가는 이유를 설명한 글을 읽었다. 그 글에 따르면 지렁이는 온몸(피부)으로 숨을 쉰다고 했다. 조금 더 풀어 설명하자면 비가 오면 진흙으로 변한 땅이 지렁이의 피부를 덮어 숨을 쉬지 못하게 된다는 것이다. 숨이 막힌 지렁이는 보도블록과 같이 진흙이 없는 곳으로 이동한다. 그렇게 보도블록에 올라간 지렁이는 비가 오고 있을 때는 쾌적하게 숨을 쉴 수 있지만, 비가 멎고 해가 뜨면 뜨거워지는 보도블록에서 속수무책으로 죽음을 맞이하게 된다는 것이다. 지렁이가 보도블록에 올라와서 말라 죽는 이유를 알게 되니 더 이상 지렁이가 바보 같다는 생각이 들지 않았다. 오히려 보도블록 위에 올라가서 서서히 말라 죽어 가는 그 지렁이가 바로 나 자신과 같다고 생각했다. 나도 지렁이처럼 지금 살고 있는 현생이 숨이 막혀 편한 곳을 찾아 도망치려 하고 있기 때문이다. 내가 도망치는 곳이 나에게 어떤 결말을 맞이하게 할지 알지 못한 채 말이다.

  이혼한 후 난 매주 바쁜 삶을 살았다. 주중에는 회사에 다니면서 일하고 퇴근하고 나서는 틈틈이 운동과 독서, 그리고 글쓰기 등을 하면서 시간을 보냈다. 그렇게 주중에 바쁜 시간을 보내고 나서 주말이 되면, 아침 일찍 집에서 나와 그림 수업과 다양한 모임에 참석하면서 주말을 보냈다. 매주 심심하다는 생각이 들 시간이 없을 정도로 바쁘게 보냈다. 하지만 이상하게도 바빠질수록 내 속에서는 고통 속에 몸부림치는 소리가 윙윙 들리는 것만 같았다. 마치 겉은 단단 하지만 속은 텅 비어있는 대나무가 된 것만 같았다.

이 상황을 난 정말 이해할 수 없었다. 내 또래의 다른 사람들과 비교해 보면 나는 나를 위한 시간도 많고 내가 하고 싶은 일은 언제든지 할 수 있는데 왜 이렇게 마음 한구석이 텅 빈 것 같은 기분이 드는지 모르겠다고 생각했다. 내가 하는 일들이 마치 밑 빠진 독에 물을 붓는 것 같은 기분이 들어서 포기하고 싶은 생각이 하루에도 수십 번씩 내 머릿속을 어지럽게 했다. 내가 참석하던 글쓰기 모임의 마지막 날, 나는 또 한 번 자책에 빠졌다. 그 모임은 3달 동안 4회의 만남을 가졌고 총 10시간가량의 시간을 함께 보냈다. 그럼에도 난 모임에 참석한 사람들과 가까워질 수 없었고 마지막 날에는 '그럼 그렇지. 역시 난 인기도 없고, 평생 외롭게 살 사람이야. 난 평생 누구와도 친하게 지내지 못할 거야'라고 결론 내렸다. 물론 모임에 참석한 사람들이 나의 주말 일정을 듣고는 대단하다며 감탄했지만 난 그들이 진심으로 하는 말이 아닐 거라고 생각했다. 그저 날 위로해 주려고 마음에도 없는 이야기를 하는 것이라고 말이다.

내 자신이 너무 한심하게 느껴졌고 부끄러웠다. 이혼남에 사람들에게도 인기가 없는 사람……. 지금도 그렇고 앞으로도 쭉 난 혼자 살게 될 것이고, 평생 사람들에게 관심도 받지 못하고, 좋은 인연도 만나지 못한 채 외롭게 살다 아무도 모르게 보도블록 위에서 삶을 마무리한 지렁이처럼 서서히 죽음을 맞이할 것 같아 두려웠다.

이런 나…… 혼자 잘 지낼수 있겠지?

문득, 나 자신에게 관대해질 필요가 있을 것 같다고 생각했다. ✏️

혼자지만 혼자가 아니야
변화를 받아들이고 예전의 나를 찾아가자

삶이 조금씩 변하고 있다. 이혼하더라도 내 삶에 변화는 없을 것이라 생각했는데, 아니었다. 변화의 방향이 긍정적이었다면 좋았겠지만 안타깝게도 이혼 후 내 삶은 부정적인 방향으로 끝없이 흘러갔다. 어느 순간부터 자신감을 잃어서 모든 일에 소극적이었고 예민하게 반응했다. 내가 이렇게 변했다는 것을 오랫동안 알고 지낸 친구를 통해 알게되었다. 그 친구는 내가 미국에서 대학을 다닐 때부터 알고지냈던 친구로, 나의 결혼 전과 후의 모습을 모두 알고 있는 각별한 친구다. 그런 친구가 어느 날 나에게 안타까운 마음으로 건넨 말이 한동안 내 머릿속에서 떠나질 않았다.

"결혼 전에는 자신감 넘치는 사람이었는데, 어쩌다 이렇게 변해버린 거니."

그렇다! 이혼하고 나서 나 자신을 잊고 살았던 것이다. 처음 친구의 이야기를 들었을 때는 별것 아니라 생각하고 넘어갔다. 그런데 시간이 지날수록 친구가 나에게 건넨 말이 지워지지 않았다. 내 입으로 말하기 조금 부끄럽지만 결혼 전 나는 자신감이 충만했다. 국제기구에서 근무하기 위해 준비했고 결혼을 포기할 정도로, 오로지 내 커리어를 위해 살아가려 했다. 그 시절 난 미래에 대한 계획을 가지고 있었다. 사람을 만날 때면 자신감이 넘쳤고 그렇기에 모든 언행이 자유로웠고 여유가 넘쳤다.

물론, 결혼에 대해서도 자신감이 넘쳤었다. 행복한 가정을 꾸릴 자신이 있었다. 아내와 함께 해외에 가서 자신의 꿈을 이루면서 살아갈 것이라 생각했기 때문에……. 하지만 내 결혼생활은 계획과 달랐다. 결혼 초기에는 행복했다. 전처도 천사처럼 보였고, 나도 성공적인 삶을 살게 될 것이라 생각했다. 그렇지만 그런 행복함이 3개월을 넘기질 못했다. 점차 전처는 나에게 완벽한 모습을 요구했다. 내가 전처의 기준에 조금만 미치지 못해도 집요하게 나를 괴롭혔다. 처음엔 나도 전처와 많이 다퉜다. 신혼 초에는 많이 다툰다는 이야기를 들었기에 나도 이렇게 다투면서 상대와 맞춰가는 것이 일반적인 결혼생활이라 생각했다. 그래서 시간이 지나면 괜찮아질 것이라 믿었다. 하지만 시간이 지날수록 상황은 더 나빠졌다. 어떤 일에 있어서는 누가 봐도 내가 피해자인 상황인데 어느새 나는 가해자가 되어있었다. 그때는 몰랐다. 아내가 주위 사람들에게 눈물로 호소하고, 스스로 약자라는 프레임을 씌우고 다녔다는 것을(물론 부부 사이의 일이라도 상대를 대하는 언행의 진심은 당사자 외엔 정확히 알 수 없다는 걸 잘 안다. 그렇기에 아내의 '약자 프레임'에 대한 것도 내 입장에서 느낀 부분임을 이 자리에서 다시 말하고자 한다). 아무튼, 아내와 불화를 겪으면서 조금씩 나는 자신감을 잃었다. 전처는 국제기구를 가겠다는 나의 꿈을 '무책임한 꿈'이라 비난했다. 국제기구에서 근무하는 것은 좋지만, 자신을 희생해야 하는 환경은 용납하지 못한다고 했다. 그것뿐만이 아니었다. 아내는 항상 내가 하는 언행에 만족하지 못했다. 조금만 실수해도, 한숨을 쉬며 잔소리했으며, 확실하지 않은 내용에 대해 내 의견을 전했는데 그것이 틀릴 때면 잘못된 정보를 말한다면서 거짓말쟁이 취급을 했다. 그리고 그런 아내의 비언어적 폭력(내가 느끼기엔 그랬다)을 견디지 못하고 화를 내면, 아내는 날 분노조절 장애가 있다고 몰아갔다. 처음엔 그녀의 말을 부인하고 다투기도 했지만, 어느 순간 나 스스로도 분노조절 장애를 인정하고 있었다. 그 후로 아내와 다툴 때마다 아내가 분노조절 장애라고 나를 공격하면, 나는 "전문가에게 가서 치료를 받겠다"라며 아내에게 빌고 있었다(흥미롭게도 이혼 수속을 밟으면서 전문가에게 상담을 받았고, 그제야 나는 분노조절 장애가 아니라는 진단을 받았다. 내가 가스라이팅을 당했다는 것을 깨달은 것이다). 하지만 아내는 자신의 실수에 대해서는 한없이 너그러웠으며, 자신의 실수를 이해하지 못하는 나를 소인배 취급했다. 또한, 자신의 꿈을 위해 나아가면서 나의 희생을 끊임없이 요구했다. 내가 원하는 걸 아내에게 말하면 난 이기적인 남편이었으며, 무책임한 가장이 되어버렸다. 이렇듯 아내의 지속적인 최면에 빠져든 결과, 국제기구에 진출

하는 꿈을 꾸는 게 가정을 포기하는 무책임한 가장의 모습처럼 느껴졌고 결국 난 20대 후반부터 30대 후반까지 10년 넘게 준비했던 꿈을 포기했다. 가족을 위해 내 꿈을 희생하는 것이 더 고귀한 선택이라는 전처의 말에 세뇌된 것이다.

그렇게 내 꿈을 포기하고 전처의 꿈을 실현하기 위한 삶을 살기 시작했다. 그렇게 몇 년을 준비해서 전처는 자신이 바라던 학교에 가서 공부를 했고 나는 학비와 함께 매달 300만 원이 넘는 돈을 전처에게 지원하면서 살았다. 우습지만 그때는 그런 내 삶이 비정상적인 삶이라 생각한 적이 없었다. 그만큼 전처에게 완벽하게 세뇌당했던 것이다. 전처의 목표가 내 삶의 목표가 되면서, 자신을 돌보는 데 소홀해졌다. 그렇게 내 삶의 목표가 사라진 채, 다른 사람의 목표를 이루기 위해 살면서 외로워졌다. 외적으론 행복한 결혼생활을 연기하고, 내적으로는 전처가 바라는 '완벽한 남편'이 되지 못한다는 죄책감에 아무에게도 위로를 받지 못한 채 정신적으로 피폐해지기 시작했다. 그렇게 내 자존감은 오랫동안 조금씩 바닥을 향해 고꾸라졌다.

여태까지 난 이혼을 포함해 지금 내 삶에서 발생하는 모든 불행에 대해 내 잘못이라는 죄의식을 가지고 있었다. 자신감 없는 모습으로 사는 것도, 그 상황을 만든 것도 다 내 잘못이라고 말이다. 하지만 계속 이렇게 살 순 없었다. 생각을 바꿔야 했다. 새로운 변화를 받아들이고, 원래의 내 모습으로 돌아오기 위해 노력해야 한다는 생각이 진심으로 들었다. 예전 대학원을 졸업하고 외국 친구들과 사귀면서 열정에 넘쳤던 나의 모습을 되찾아야겠다고 말이다.

이 상황은 결코 내 잘못이 아니기에, 인생의 새로운 목표를 잡고 다시 시작해보자고 자꾸만 되뇌었다.

새로운 변화를 받아들이고, 원래의 내 모습으로 돌아오기 위해 노력하자.

혼자지만 행복할 수 있어, 나의 행복

그날 아침은 웬일인지 평온했다. 만족스러운 기분으로 일어나서 기분 좋게 밖을 나섰다. 그리곤 그림 수업을 받는 곳 인근에 위치한 카페에 갔다. 미술 수업을 받는 동안 한 번도 방문해서 커피를 마셔보지 않은 곳이었는데, 아침부터 기분도 좋고 마침 날씨도 좋아서 즉흥적으로 카페에 들어갔다. 앞에 테라스가 있는 제법 규모가 큰 카페였다. 평소에 지나가면서 사람들이 테라스에 앉아 커피와 브런치를 먹는 걸 본 적이 종종 있었다. 하지만 그 주는 내 기분처럼 카페도 평소와 달랐다. 카페 앞마당에는 6개 정도의 조그마한 부스가 있었고 와인이 세팅되어 있었다. 카페에서 와인 페

스티벌이 열린 것이다.

　부산스럽게 부스를 설치하는 소리가 약 30여분쯤 들리고 사람들이 삼삼오오 모여들기 시작했다. 작은 규모의 플리마켓이었지만 이벤트도 하고 사람들도 제법 많이 몰려와서 나도 호기심에 여기저기 기웃거렸고 스티커 한 장도 샀다. 와인을 좋아하는 나로서는 눈앞에 있는 와인의 유혹을 뿌리치는 것이 힘들었다. 와인을 보고 향을 맡으면서 계속 지갑에 손이 갔지만, 그때마다 다시 건강해지면 마음껏 와인을 마시자며 나 자신을 달랬다(한창 공황장애가 극에 달했던 때여서, 의사에게 금주령이 떨어졌던 때였다). 부스에 있는 와인들을 바라보는데 와인 한 병과 치즈를 세팅해 마시면서 하루를 마무리하던 기억이 새록새록 났다.

　그와 동시에 문득 생각이 번뜩였다. '내가 행복해하는 것을 하면서 살자'라는 생각이 든 것이다. 부스 중간중간에 독립 서적을 판매하는 사람들도 있었는데 그분들을 보고 있자니, 글을 쓰고 와인을 팔면서 살아가는 사람들은 나와 다른 세계에서 살고 있는 것 같았다. 사회에서 안정적인 직장을 다니면서 살아가는 나와 달리 그들은 설령 미래가 불확실할지라도(물론 안정적으로 살아가시는 분들도 있었을 것이다) 나보다 더 행복한 삶을 살고 있다는 생각이 들었다. 그걸 어떻게 확신하냐고? 바로 그 사람들의 눈을 보면 알 수 있었다. 적어도 내가 바라본 그들의 눈은 살아 있었다. '자신이 좋아하는 것을 하는 사람만이 가질 수 있는 그런 눈을 가지고 있던 것'이다. 그런 그들을 보면서 나는 내 삶을 내팽개친 것 같아 스스로에게 미안한 마음이 들었다. 이혼하고 패배 의식에 젖어서 아무것도 하지 않고, 그냥 나 자신은 불행하다며 슬퍼만 하며 삶을 낭비하고 있었기 때문이었다. 그래도 다행스러운 건 스스로 '행복한 삶'에 대해 떠올렸고 마음속에서 무언가가 꿈틀거리고 있음을 느꼈다는 것이다. 의욕이 없을 때일수록 더욱 밖에 나와서 사람들을 만나고 경험을 해야 한다는 누군가의 조언이 피부로 와닿는 순간이었다.

어딘가 조용한 곳에 가서 난 얼마나 내 행복을 느끼면서 살고 있는지 뒤돌아보는 시간을 가져보기로 했다.

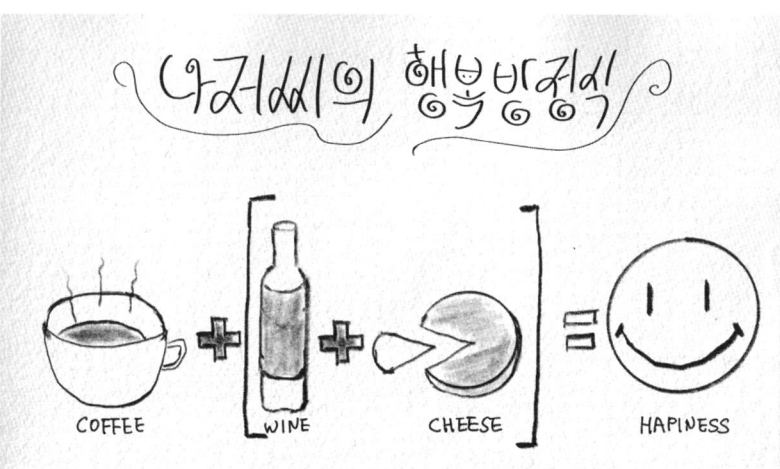

자신이 좋아하는 것을 하는 사람만이 가질 수 있는 그런 눈을 가지고 싶다.

혼자지만 바뀔 수 있어
'다시 솔로'의 연애 방식과 인간관계

난 여름보다 겨울을 좋아한다. 습하고 더워서 몸에 땀이 나는 여름보다 건조하고 춥지만 옷을 꽁꽁 싸맨 겨울의 느낌을 어렸을 때부터 더 좋아했다. 게다가 내가 겨울을 더 좋아한 이유는 하얀 눈과 크리스마스, 그리고 따뜻한 붕어빵을 누구보다 좋아하기 때문이다. 어느덧 찬 기운이 느껴지는 공기에 반가운 마음으로 밖에 나갈 채비를 하고는 인근 카페로 이동했다. 당시 나는 주말에 고정적인 일정이 있었다. 아침엔 그림을 그리고 점심에는 그림 수업을 받는다. 오후엔 인근을 돌아다니면서 사진을 찍거나 새로운 카페를 방문하면서 시간을 보낸다. 그리고 카페에서는 사진 보정을 하거나 브런치에 글을 쓰면서 시간을 보낸다. 이와 같은 일정을 소화하면서도 난 내 삶이 매우 무료하고 평범하다고 생각했다. 그런데 주위 사람들은 날 보고 '취미 부자'라고 이야기하곤 했다. 글을 쓰고 그림을 그리며 사진을 찍고 보정 하는 일이 나에겐 별일 아닌 것처럼 여겨졌는데, 다른 사람들이 보기엔 내가 많은 일을 하는 것처럼 보이는 건가, 싶었다.

사실 난 하고 싶은 것이 따로 있었다. 그건 바로, 사람들을 만나서 저녁도 먹고 술도 한 잔씩 하면서 함께 시간을 보내는 것이다. 정말 평범한 걸 하길 원했지만, 부정맥 때문에 술을 마시지 못했고 사람들도 만나지 못했다. 그렇기에 나는 해가 지면 숙소나 집에서 게임을 하면서 시간을 보냈고 그 시간이 참 외롭고 지루하게 느껴졌다.

그런데 더 아이러니한 것은 내가 술을 마실 수 있었을 때도 난 사람들과 함께 술을 많이 마시지 못했다는 것이다. 아니, 다른 이들과 술을 마시는 것을 즐기지 않았다는 게 더 정확한 표현일 것이다. 사실 그동안 난 사람들과 술잔을 나눌 때, 어떤 이야기를 해야 할지 너무 어렵게 느껴졌다. 그러다 보니 사람들을 만나는 게 즐거운 일이 아니라 노동처럼 느껴졌다. 다른 사람들과 만나서 어떤 이야기를 해야 할지도 모르겠고 어떻게 행동해야 할지도 모르겠다. 사람들을 좋아하지만 정작 사람들을 만나면 금세 지치고 집에 가고 싶어하는 나의 괴상한 성향 때문에, 사람들과 만나서 시간을 보내는 것이 점점 더 어렵게 느껴졌다. 설상가상으로 나이가 40을 넘어서니 이젠 만날 사람도 없는 상황이 되었다. 만나서 이야기를 나눌 사람도 없으니 더욱 혼자가 되어서 사람들과 함께하는 방법을 잊어버리는 기분이었다.

이전에 소개팅했던 상대로부터 연락이 왔다. 나이도 있는데 자신은 자주 만날 수 있는, 가까이 사는 사람이 나을 것 같다고 했다. 그분과 나는 꽤 거리가 있었기에 정중한 거절 의사 표현임을 직감했다. 그렇지만 난 상대의 이유가 곧이 곧대로 들리지 않았다. 내가 외형적으로 매력적이지 못해서 그런 거겠지? 내가 가진 게 없어서 그런 거겠지? 별별 생각이 들었고 상대에게 거절당했다는 것에 자존심 상했다. 그래서 소개팅 상대의 문자를 받고 회신도 하지 않고 바로 메시지를 지웠다. 하지만 시간이 조금 지나서 다시 생각해 보니 굳이 관계를 끊을 필요는 없을 것 같았다. 사귀지 않는다고 친구가 되지 말라는 법은 없기 때문이다. 그래서 다시 문자를 보냈다. 충분히 날 차는 이유를 이해한다는 말로 화두를 열었다. 교제를 나누는 건 아니더라도 친구처럼 연락하자고 메시지를 보냈다. 다른 의도는 없다. 진짜 친구를 만들기 힘든 상황에서 이렇게 만난 인연도 소중히 여겨야 한다고 생각했다. 그리고 그 상대에게 연락이 왔다. 친구처럼 지내는 건 좋다고 말이다. 그때 느꼈다. 40대의 인간관계는 20대나 30대와는 다르다는 것을.

20대, 30대 때는 소개팅에서 맞지 않으면 바로 다른 사람을 만날 수 있는 기회가 많다. 하지만 40대는 다르다. 40대에 같은 또래의 결혼하지 않은 사람들을 만나는 건 흔하지 않다. 꼭 이성적인 만남만을 이야기하는 게 아니다. 40대에는 싱글인 사람과 만나 서로의 상황을 공감하고 교류할 수 있는 확률이 극히 낮다. 즉 비슷한 처지인 사람을 만나는 것이 쉽지 않은 것이다. 그래서인 건지 날 찼던 소개팅 상대도 친구처럼 연락하자는 제안에는 흔쾌히 'Yes(예스)'라고 한 것이 아닐까 하는 생각이 들었다. 인간관계를 흑과 백의 이분법적인 사고로 바라보지 않는 연습, 좀 더 마음을 열고 사람을 대하는 노력이 필요하다고 생각했다. 작은 발걸음이지만, **보다 매력적인 인간이 되기 위한 삶의 여정에 한 발자국 더 나아간 것 같은 기분이 든다.**

좀 더 마음을 열고 사람을 대하는 노력이 필요하다.

혼자지만 바보는 아냐, 착해 보인다는 말의 역설

    나는 '착해 보인다'라는 말을 좋아하지 않는다. 20대까지는 '착해 보인다'라는 말이 칭찬이라 생각해서 사람들이 나에게 착해 보인다고 말할 때면 기분이 좋았다. 하지만 30대를 보내고 결혼에 이혼까지 경험하고 나니, 착해 보인다는 말이 결단코 칭찬이 아니라는 생각이 든다. 내가 생각하는 '착하다'의 의미는 크게 두 가지다. 바로, 매력이 없다는 것과 호구 같다는 것. 내가 사람을 좋아하는 호구인 건 사실이라, 호구 같다는 말에는 크게 상처받지 않는다. 하지만 매력이 없다는 의미의 '착해 보인다'는 말은 내 마음에 상처를 준다. 사람을 좋아하지만, 사람을 끌 수 있는 매력이 없다는 것을 의미하니까……. 굳이 '착하다'를 그렇게까지 확대해서 해석할 필요가 있냐고 생각하는 사람이 있을지도 모르겠다. 하지만 적어도 나에게 있어서는 '착하다'라는 말은 칭찬이 아니다.

어려서부터 난 평범함을 넘어서 공기처럼 존재감이 희미한 존재였다. 사람들을 내 주위로 끌어들이는 카리스마가 없었기에 인기가 많은 사람들은 언제나 내 선망의 대상이었다. 물론 나도 그들처럼 매력 있는 사람이 되려고 노력해봤지만, 번번이 실패했다. 그렇게 조용히 공기 같은 존재감을 내뿜으며 학교에 다니고, 일을 하고 결혼에, 이혼까지 겪었다. 어찌 보면 내가 이혼하게 된 이유도 상대에게 충분히 매력적인 사람이 되지 못해서가 아닐까, 하는 생각도 해봤다.

또 한 가지, 내가 착해 보인다는 말만큼이나 싫어하는 말이 있는데 바로 '뚱뚱하다'라는 말이다. 어려서부터 나는 마른 체형이 아니었다. 학교에서도 몸무게가 제일 많이 나가는 학생 중 한 명일 정도로 비만이었다. 그러다 30대 초반에

다이어트를 열심히 해서 살을 빼기는 했지만, 그래도 나의 몸무게는 항상 90kg 중반대에서 머물렀다. 살을 더 빼고 싶긴 하지만 워낙 먹는 것을 좋아하고 활동적인 일을 좋아하지 않는 성향 때문에, 더 이상 살을 빼지는 못하고 있다. 게다가 내가 뚱뚱하다는 이야기를 듣기 싫어하는 결정적인 이유가 있다. 아내가 나에게 항상 하던 말이 바로 "살 빼라"였기 때문이다. 아내는 나를 보면 언제나 살 빼라고 핀잔주고 살이 쪄서 게을러 보인다는 말을 자주 했다. 그리고 살이 쪄서 옷을 입어도 예쁘지 않아서 점점 매력이 떨어진다는 이야기도 했다. 그런 영향 때문인지 뚱뚱하다는 말에 대해 이혼 후부터 더욱 민감하게 반응했다. 마치 내 마음속에 커다란 트라우마로 자리 잡은 것처럼 말이다.

얼마 전 또 한 번 소개팅 상대에게서 '착하다'라는 소리를 들었다. 몇 주 전에 소개팅 상대('A'라 칭하겠다)를 만나서, 이야기를 나눴는데, 우연히 A가 나를 어떻게 생각하는지 듣게 되었다. A는 내게 그저 착한 것 같다고 했고, 난 그 이야기를 듣는 순간 자신감이 급하락했다. 그리고 화가 났다. 곧

50을 바라보는 사람이 착하다는 이야기나 듣고 있다는 것에 속이 상했다. 물론 내가 화가 난 것은 A의 말 때문이 아니었다. A는 당연히 나에 대해 착하다고 생각할 수 있다. 그리고 그것이 모욕적인 언사라고 생각하지도 않는다. 하지만 내 입장에서는 50을 바라보는 나이에 아직도 '착하다'는 말 외에는 다른 이야기를 듣지 못했다는 생각이 들어 화가 났다. 왜 나는 '착하다'는 말 말고 다른 말을 듣지 못하는 걸까! 다른 칭찬을 듣지 못하는 나의 무능에 화가 났다.

글을 쓰다 보니 결국, 나에게 '착하다'라는 말은 '매력 없다'라는 이야기로 귀결되는 것 같다. 사실 난 사람들에게 인기 있는 사람이 되고 싶다. 아니 많은 사람을 알고 지내고 싶다. 하지만 쉽게 친해지지도 못하고 스쳐 지나가는 인연들이 너무 많다. 그렇다 보니 조금씩 지쳐가는 것 같고 외로워지는 것 같다. 특히 이혼을 하고 난 후에는 더 외로움이라는 감정에 빠져 살았다. 물론 이 모든 것이 이혼 후에 거쳐가는 당연한 감정이라 생각하려 한다. 평생 외로움과 절망감에 빠져 살고 싶지는 않으니까. 그러기 위해서는 뚱뚱하고 착하다는 말과 맞서 싸워야 하겠지. 그런 의미로 오늘도 열심히 자기 최면을 걸어 본다.

나는 듬직(뚱뚱)하고 믿을 수 있는(착한) 사람이다.

나는 듬직(뚱뚱)하고 믿을 수 있는(착한) 사람이다. ✏️

가. 혼자지만······ 꿈··· 치유···

뜬금없이 이혼한 아내 꿈을 꿨다. 그런데 이번 꿈은 전처에 대한 깊은 분노나 미움의 감정이라기보다 아련함의 기분이 느껴지는 꿈이었다. 게다가 꿈이 얼마나 강렬했는지 눈을 뜨고도 한참이나 내 마음속에 아련함이 남아 있는 듯한 느낌이 들었다. 잠에서 깬 후에 한동안 그 자리에 멍하니 앉아서 '이게 무슨 꿈일까' 하고 생각했을 정도였다.

도대체 이 감정은 무엇일까? 나의 아픈 감정들이 새로운 감정으로 덮여가고 있는 걸까? 아니면 원래부터 있던 감정이 곪아서 터져버리고 있는 걸까? 쉽사리 답이 나오지 않았다. 원인이 무엇이든 지금 느낀 이 감정을 그 자체로 인정하기로 했다.

내 마음은 어느 방향으로 흘러가고 있는 걸까? ✏️

나. 혼자지만 혼자가 되었습니다
이혼의 마무리

국민연금 지사에 다녀왔다.

작년 이혼 후에 국민연금 분할지급 중지 신청을 하기 위해서다. 1년의 시간이 지나서야 신청을 한 이유는 내 마음의 준비가 되어있지 않았기 때문이다. 그렇게 1년이 넘게 시간을 끌었고, 오늘에야 국민연금 지사에 다녀온 것이다.

국민연금 지사에 가서, 이혼에 대한 법원 결정문과 혼인관계 증명서(상세)를 제출하였고, 분할 지급 중지 신청이 완료되었다.

모든 것을 끝내고 나오면서 무언가 마무리된다는 기분이 들었지만, 그와 동시에 서글픈 마음이 들었다.

이혼 사실을 받아들이는 데 1년 2개월···. 짧다면 짧고 길다면 긴 시간 동안 **잘 버틴 나 자신! 고생했다!**

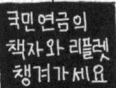

잘 버틴 나 자신! 고생했다! ✏️

혼자라서 배우는 거야
상처는 치유되는 것이 아닌 다른 경험으로 덮이는 것

일본으로 여행을 다녀왔다. 혼자 다녀온 것은 아니고 친구와 함께 다녀왔다. 보통 여행은 가족과도 함께 가지 말라는 이야기가 있을 정도로 합이 맞는 친구를 찾기란 힘든 일이라서 가기 전부터 걱정을 많이 했다. 하지만 일본 여행을 다녀온 친구 C와는 싸움은커녕 좋은 추억을 쌓고 돌아왔다. 무려 이성 친구와의 여행이었음에도 말이다.

여행하는 동안 난 상대의 기분을 맞추려고 노력하지 않았고, C 또한 내 기분을 맞추려고 하지 않았다. 서로 생각하고 있는 것을 이야기했고 배려해 줬다. 내가 무언가 먹고 싶으면 C는 내가 원하는 맛집으로 데려갔다. 만약 그 맛집이 문을 닫았거나 대기 줄이 길다면, 난 주저 없이 다른 곳으로 가서 먹자고 했다. 어차피 내가 먹는 음식이 꼭 맛집에서 먹어야만 하는 것도 아니고 그저 일본에서 먹는 음식의 경험을 원했기 때문이었다. 여행 방문지 또한 그랬다. 계획을 잡았지만 날씨나 컨디션이 좋지 않으면, 바로 일정을 변경했다. 서로 고집을 피우지 않았던 것이다.

하루 일정을 마치고 숙소에 들어갈 때면 무언가 만족스러운 기분이 들었다. 전처와 여행을 다녔을 때와는 전혀 다른 기분이었다. 전처와의 여행은 언제나 내가 눈치를 보거나, 상대가 내 눈치를 보거나, 아무튼 그러다 끝났다. 그래서인지 언제나 여행길이 살얼음판처럼 느껴졌다. 그럼에도 불구하고 난 전처와 여행을 다닐 때, 최대한 눈치를 보지 않고 다니려고 노력했다. 여기저기에서 작은 실수들이 발생할 때마다 아내는 내 행동이 마음에 들지 않지만 잔소리하지 않으려고 노력하는 모습이 보였다. 아니 아마 나랑 싸우기 싫어서 참고 내 눈치를 본 것일 수도 있다. 그런 전처를 보면 나도 기분이 편치 않았다. 그래서 점점 더 말수가 줄게 되고, 함께 행동하는 것을 피하려 했다. 결정을 내려야 하는 곳에서 결단하지 못하고 우왕좌왕했다. 매번 그런 여행만 다녔던 나로서는 C와의 여행은 '새로운 경험'이었다. 이성 친구와 여행을 가도 동성 친구처럼 편하게 여행할 수 있다는 것을 깨달은 정말 '새로운 경험' 말이다. C와 나의 성향이 맞아서 그럴지도 모르지만, 그것보다 여행이 편안했던 더 큰 이유는 우린 서로 상대에 대한 배려심이 있었기 때문이다. 원하는 것만 요구하는 것이 아니라 상대를 배려해 주는 마음에서 비롯되는 양보하는 마음……. 그리고 양보하고 나서도 마음속에 쓴 뿌리가 남지 않는 그런 관계 말이다. 이번 C와의 여행에서 난 그런 배려를 느낀 것이다. 무엇보다 나 자신을 숨기지 않아도 된다는 사실이 좋았다.

우리는 그렇게 2박 3일간의 짧은 여행을 마치고 한국으로 귀국했다. 그리고 공항에서 작별 인사를 하고, 리무진 버스를 타고 집으로 돌아가는 길에 C에게 문자를 보냈다. "정말 즐거운 여행이었어. 전처와의 여행과는 다르게 즐거운

추억을 많이 쌓았다"라고……. 몇 분의 시간이 흐른 후, C
에게 답장이 왔다.

**"상처는 치유되는 것이 아니라 다른 경험으로 덮이는
게 아닐까?"**

C의 말에 뒤통수를 세게 맞은 기분이 들었다. 지금까지
나는 이혼으로 생겨난 상처를 치유해야 하거나 극복해야 하
는 난관으로 바라봤다. 하지만, 친구 C의 말처럼 굳이 상처
를 이겨내려 노력할 필요가 없겠구나, 하는 생각이 들었다.

**마치 피부에 상처가 나면 그 위에 새 살이 돋아서 상처를
덮듯이 내 마음의 상처들도 새 살(경험)이 돋아서 덮어지는
게 아닌가, 하는 생각을 해봤다.**

상처는 치유되는 것이 아니라 다른 경험으로 덮이는 게 아닐까?

혼자라서 자유로워도 괜찮아
내가 그대를 좋아해도 될까요?

이혼하고 나서 가장 좋은 점(?)은 바로 매력적인 이성을 좋아해도 된다는 것이다. 이것 역시 자유라면 자유라 할 수 있겠다. 아무튼, 내가 요즘 참여하는 다양한 모임 대부분도 만약 내가 결혼 중이었다면 참석하지 못했을 것이다. 즉 어떤 모임을 위해 내 일정의 반 이상을 투자할 수 있는 있다는 것은 보통의 유부남에게는 미션 임파서블에 가까운 것일 테다.

물론 누군가를 좋아하는 자유를 얻기는 했지만, 그렇다고 해서 내가 좋아하는 상대가 나를 좋아해 주는 건 아니다.

오히려 그 반대의 상황이 더 많다. 젊었을 때는 무엇을 해도 다 이룰 수 있을 것이라는 자신감을 가지고 살았다. 하지만 현재의 나는 세상과 타협한 이빨이 빠질 대로 빠진 호랑이처럼 하루하루를 두리뭉실하게 살아가고 있다. 게다가 내 신체 나이도 무시할 수는 없다. 이미 내 몸은 젊었을 때의 생기를 잃어버린 지 오래다. 그저 걸어 다니다 보면 주위에서 흔하게 볼 수 있는 40대 아저씨가 되었다. 그런데 이런 아저씨가 주제도 모르고 다른 이성에게 호감을 품고 있다는 것은 주책스러운 일이 아닐까? 물론 나이를 먹으면서 사람이 성숙해지면 사람들을 대하는 것이 익숙해진다. 젊었을 때는 어린 치기로 일을 그르쳤다면, 더 이상 한순간의 기분에 따라 행동하지 않는다. 그런 지혜를 얻게 됐다. 그리고 아무리 좋은 감정을 품고 있다 해도 상대가 불편한 기분이 들게 하는 언행도 하지 않는다.

그런데 성숙해지면서 신중해지는 건 좋은데, 문제는 겁이 많아지고 자신감이 떨어져 있다는 것이다. 지금 내가 호감을 가지는 상대들을 대하는 내 모습이 그렇다. 조심스럽게 호감을 표현해 보지만, 상대는 일정 선을 절대 넘어오지 않는다. 그리고 난 그게 어떤 뜻인지 잘 안다. 하지만 예전처럼 그 선을 넘어서 사랑을 쟁취하고 싶은 생각은 없다. 내가 좋아서 서둘렀던 사랑치고 결론이 좋았던 적이 단 한 번도 없었기 때문이다. 이혼한 전처와의 문제도 그랬고 말이다. 그래서 이번엔 나의 이 감정을 조용히 달래면서 설레는 감정을 즐기고 있다. 이 감정 자체를 느낀다는 것이 아직 내가 살아있다는 것이고 내가 아직은 사랑을 할 수 있는 마음이 있다는 거니까. 서두르지 않고 차분하게 이성을 만나기 위한 준비를 하려고 한다. 나이 때문에 조급하지 않고 외로움에 잘못된 판단을 하지 않도록 충분한 시간을 들이면서 나를 준비하는 것이다.

오늘도 좋아하는 이성에게 실없는 문자를 보내는 즐거운 상상을 하면서 저녁을 마무리한다.

내가 그대를 좋아해도 될까요? ✏️

혼자라서 바랄 수 있어
내가 진정으로 원하는 것은 (All I want is…)

이혼하고 난 후에 내가 무엇을 원하는지 몰랐다. 더 정확히 이혼을 통해 내가 어떤 점을 후회하고 있고 다음 인연에게는 어떤 점을 바라는 것인지 잘 몰랐다. 사실 알고 싶었지만 명확하게 말할 수 있는 성질의 것이 아니었다. 그러던 중 해외로 출장을 다녀오면서, 혼자 생각할 수 있는 시간을 갖게 되었다. 그리고 어렴풋하게 내가 그리워하고 부족하다고 느끼는 것이 무엇인지 알 수 있게 됐다.

내가 그리워하던 것은 다름 아니라 지금의 내 기분과 생각, 그리고 감정을 나눌 수 있는 존재였다. 즉 나의 감정과 생각들을 나눌 수 있다는 것으로 인해 느껴지는 안도감이 내게 필요했다. 사실 지금도 내가 어떤 사람을 바라는 것인지 명확하게 설명할 수는 없다. 아마 영원히 설명할 수 없을지도 모른다. 하지만 한 가지 확실한 건 내가 원하고 바라는 이성 관계는 육체적인 욕구나 외로움을 해소하는 것이 목적이 아닌, 나의 생각과 감정을 나눌 수 있는 관계이다. 대화를 나누면서 서로의 생각을 이야기하고, 서로가 서로의 인생에 영향을 주기도, 받기도 하면서 살아가는 그런 관계를 원하는 것이다.

아마 내가 실패한 결혼에서 바랐던 것도 바로 그런 것이었으리라. 대화를 나누고 생각을 교환하고 서로의 삶을 함께 살아가는 그런 모습을 말이다. 하지만 전처와는 그런 관계를 이룰 수가 없었다. 전처는 언제나 내가 무엇을 하든지 내 행동을 평가했으며 자신을 이해해 주지 못하는 나를 질책하고 비난했다. 물론 외부적으로 보면 내가 화를 내서 상대가 힘든 것처럼 보였을 수도 있다. 하지만 보이는 것이 전부를 대변하는 건 아니라 말하고 싶다. 때로는 가해자로 보이는 사람이 실제로는 피해자인 경우가 있다는 걸 난 경험을 통해 잘 알고 있다.

내가 결혼 기간 중에 아내에게 바랐던 건 단순했다. 매일은 아니더라도 아내가 해주는 음식을 먹어보는 것이었다(물론 신혼 때 몇 달간 먹어보는 호사를 누리기도 했지만, 그 이후엔 공부와 다툼으로 차려준 밥을 먹어본 적이 없다). 그리고 명절 때 한 번이라도 고향 집에 내려가서 홀로 계신 어머니에게 인사를 드리고, 따뜻한 밥을 함께 먹는 것이었다. 지극히 평범하다 못해 보통의 부부라면 당연하다고 생각할 수 있는 것들을 원했다. 하지만 8년이 넘는 결혼 생활 중에 그런 평범함을 느껴본 적이 없었던 나로서는 그 평범함이 그리웠다. 오죽하면 평범함을 느껴보고 싶어서, 이혼 후에 요리학원에 등록해서 늦은 나이에 요리를 배워서 음식을 혼자 만들어 먹어봤을까. 그리고 깨달았다. 직접 만들어 먹는 요리로는 내가 생각하고 바라는 '평범함'을 느낄 수 없다는 것을….

이혼하고 난 후 외롭고 괴로워서 나를 고통에서 구해 줄 인연을 바라 왔다. 어떤 관계를 바라는지 몰라서 힘들었지만, 이젠 어렴풋하게나마 내가 원하는 것이 무엇인지에 대해 알게 된 것만으로도 정말 다행이라 생각한다. 왜냐고? 이젠 새로운 만남을 찾는 데 있어, 잘못된 선택을 할 확률이 그만큼 줄어들었기 때문에……. 하지만 지금 이 나이에 새로운 인연을 찾을 수 있을까? 똑같은 실수를 반복하는 건 아닐까?

오늘도 함께 하루를 나눌 사람이 없다는 사실에 독거사를 두려워하며 숙면을 취하지 못하는 밤을 보내고 있다.

지금 이 나이에 새로운 인연을 찾을 수 있을까?
똑같은 실수를 반복하는 건 아닐까?

혼자라서 이야기할 수 있어
원룸 살이 하는 '다시 솔로'의 소회

이 글을 쓰는 날을 기준으로 다음 달이면 이혼한 지도 어느덧 1년이 된다. 이혼할 때는 전처와 그 집안 어른들에 대한 배신감에 분노하고 치를 떨었지만, 시간이 흐르고 나니 그런 나의 감정들도 조금씩 수그러들었다. 하지만 그럼에도 불구하고, 가끔씩 찾아오는 현타(현실 자각 타임)는 잔잔해지려고 하는 내 마음속에 큰 바위를 던지곤 한다.

물론, 이 허탈한 감정이 즉흥적인 건 아니다. 하루하루 살아가다 보면, 문득 괴로운 생각이 들 때가 있다. 문제는 그 생각이 사라지는 것이 아니라 계속 내 마음과 머릿속 어딘가에 남아서 불시에 날 힘들게 한다는 것이다. 그날이 그런 날이었다. 퇴근하고, 집에 가서 청소를 했다. 원룸이지만 열심히 쓸고 닦으니 깨끗해진 방을 보면서 내 기분도 한층 밝아지는 기분이 들었다. 그때였다. 갑자기 서글픈 마음이 들었고 동시에 허무한 느낌이 들었다. 갑자기 6평도 안 되는 방을 청소하고, 화장실을 청소하는 나 자신이 초라하게 느껴졌다. 40대 중반에서 후반으로 넘어가는 나이에 전처 공부 시킨다고 내 이름으로 된 집도 한 채 없고, 남들처럼 아이가 있는 것도 아닌, 정말 가진 것도, 이룬 것도 하나 없는 중년의 초라한 아저씨가 내가 사는 원룸 화장실 거울에 비쳤을 때, 난 정말 그 유리를 깨버리고 싶었다. 너무 서글퍼서 눈물이 났다. 20대와 30대 때는 해외를 무대로 일하면서 멋지게 살겠다는 꿈을 가지고 살았고, 그 꿈을 위해 착실하게 준비해 왔었는데, 이젠 6평 남짓한 방을 청소하면서 행복을 느끼는 나 자신이 너무 초라하게 느껴졌다. 어쩌다 내 인생이 이렇게까지 바닥을 친 것인지 정말 모르겠고, 내가 처한 이 불합리한 현실에 너무나 화가 났다. '내가 바람을 피우거나 도박, 술 등을 해서 문제가 있었던 것도 아니고 평범하게 일하면서 아내 공부 뒷바라지 다 해줬는데. 해외에서 공부 마칠 때까지도 기다려줬는데. 도대체 전생에 무슨 죄를 지어서 이러는지 모르겠다!'라는 생각에 한탄이 절로 나왔다. 그래서 지금 결혼을 고민하거나 결혼하고 싶은 사람들에게 나의 경험을 토대로 (나처럼 되지 말라고) 한 가지 조언 아닌 경험담을 공유하고자 한다.

'배려심이 있는 상대를 만나라.'

길지 않지만 지금까지 삶을 살면서 다양한 이성을 만났고, 그중 한 사람을 만나서 결혼까지 했다. 결혼 이후 이혼한 지금까지의 경험을 봤을 때, 결혼 상대로 내가 생각하는 가장 중요한 요소는 바로 상대에 대한 배려. 배려는 여러 가지 형태로 나타날 수 있지만, 그중에서도 '상대를 인격체로서 인정하고 받아들인다는 것'이 가장 중요하다고 생각한다. 만약 상대에 대한 배려가 없다면, 그 관계는 깨어지거나 서로가 서로에게 상처를 주는 그런 관계가 될 것이다. 너무 당연한 이야기지만, 이 배려의 힘을 최근에서야 크게 느끼기 시작했다. 이혼하고 전처의 가스라이팅에 자존감이 바닥을 쳤기 때문에 지금도 그 부정적인 영향에서 벗어나려고 노력하고 있지만, 사실 나 혼자 힘으로 낮아진 자존감을 바로 세우기란 쉽지 않았다. 그럼에도 지금껏 낮아진 자존감을 높이기 위해 수많은 노력을 했다. 이혼 후에 많은 사람을 만나고 다양한 활동을 하면서 스스로 일어서려고 노력했지만, 자신에 대한 신뢰를 회복하지 못하면서, 자존감도 쉽게 회복되지 않았다(가스라이팅에서 벗어나기 위해서는 이 부분이 꽤 중요하다고 한다). 이미 깨어져 버린 인간관계에 대한 신뢰를 잃으면서 다른 이를 만나도 난 언제나 불안했다. 상대에게 실수할까 무섭고, 그들의 기대를 충족하지 못할까 두려웠다. 그리고 완벽하게 일을 수행하지 못해서 문제가 발생하면 상대와 다툼이 일어날 것 같고, 그 다툼으로 인해 지금껏 쌓아온 관계가 무너져 내릴까 봐 두려워했다. 이런 나의 행동이 전처의 가스라이팅에 의해 만들어진 걸 잘 알면서도 극복하기 정말 어려웠다.

 그럼에도 나는 끊임없이 일어서려 노력했고, 그 노력 덕분인지 어려움을 극복할 수 있도록 도와준 사람을 만났다. 바로 소개팅했던 그 사람, A였다. 여러 이유로 A와 연인 관계가 되지는 못했지만, 좋은 친구 사이가 되었다. A는 유달리 배려심이 많은 친구였는데 그 덕분에 나를 옭아매던 부정적인 생각들에서 점점 자유로워졌다. 그중 가장 뿌듯한 것은 이제 더 이상 '나의 행동과 생각이 잘못되지 않았음'을 깨달았다는 것이다. 내가 하는 행동들은 너무나도 자연스러운 것이라는 걸 알게 되었다는 것이다. 내가 상대를 대하면서 하는 행동과 표현 등이 틀리거나 잘못된 것이 아니라는 것. 혹시 상대에게 실수를 하게 되더라도 그게 상대방에게 치명적인 고통을 가하지는 않는다는 것. 갈등 상황에서 서로 자신의 의견을 이야기하고 조율하는 모든 과정이 지극히 평범하고, 자연스럽다는 걸 깨닫기 시작한 것이다.

이렇게 당연하고 평범한 것을 나는 그동안 모르고 지냈다. 잠을 잘 때 숨소리도 내지 못하고 자야만 했던 나. 아침엔 불면증 때문에 늦게 잔 아내가 깰까 조심하면서 인근 카페에서 아내가 깰 때까지 기다려야 했던 나. 아내가 무언가

부탁한 걸 완벽하게 하지 못할까 봐 마음 졸였던 나. 조금만 시답지 않은 소리를 하면, 매몰차게 다그치거나 힘들어하는 아내 때문에 일상적인 대화도 편하게 못 하던 나…… 이 외에도 내가 결혼 생활을 하면서 정상이라 생각했던 많은 일들이 사실은 비정상에 가까웠다는 걸 이혼하고 나서도 깨닫지 못하고 있다가, A를 만나서야 깨닫기 시작한 것이다. 그리고 전처가 남을 위한 배려심이 전혀 없는 사람이라는 것도……. 자신의 행동은 언제나 옳지만 상대의 행동은 자신의 기준에 맞지 않으면 무조건 틀리다는 생각을 가졌던 전처는 내가 앞서 말한 배려의 미덕을 가지고 있지 않은 상대였다(적어도 나에게는 그런 사람이었다). 배려는 겉보기엔 평범한 미덕 같지만, 결혼 생활에서는 매우 중요한 역할을 한다. 내가 A를 만나면서 가장 먼저 변화한 것은 편히 대화하기 시작했다는 것이다. A와 처음 만났을 때만 해도 난 내가 시답지 않고 멍청한 말만 한다고 생각해서, 말을 아끼고 대화를 피하려고 했다. 하지만 A와 대화를 하면서 누군가에게 평가받는다는 생각으로부터 자유로워졌고, 점점 편하게 말하기 시작했다. 그런 내 모습을 보고 있자니, '내가 원래 무뚝

뚝한 사람이 아니었구나'라는 생각마저 들었다.

지금 누군가와 결혼을 생각하고 있는가? 그러면 상대가 얼마나 배려심이 많은지 확인하는 걸 강력히 추천한다. 그것이 당신의 결혼 생활에 큰 포인트가 될 것이다.

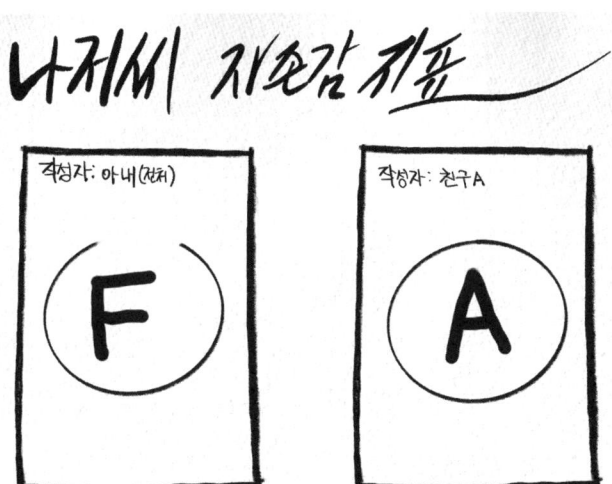

배려심이 있는 상대를 만나라. 🖊️

혼자라서 Re 시작
모범답안

초등학교가 국민학교였던 시절을 보냈던 나는 인생에는 모범답안이 있다고 생각했다. 10대에는 학교에 다니고, 20대에는 대학에 가고, 30대에는 결혼을 하고 아이를 키우고, 60대에 퇴직을 해야 한다고 말이다. 어려서부터 나는 단 한 번도 이 생각에 의문을 갖지 않았다. 그렇게 30대까지는 문제없이 잘 살아왔다. 계획대로 대학교를 졸업하고 결혼도 했다. 하지만 40대가 되면서 내 삶에 특이점이 발생해 버린 것이다. 바로 이혼. 이혼을 하면서 결코 변하지 않을 것이라 생각했던 나의 인생 계획이 틀어져 버린 것이다. 이혼과 함께 난 어떻게든 살아보려고 노력했다. 우울증이나 자기 연민 같은 정신적인 문제에 빠지지 않기 위해 그림을 그렸고, 그런 노력을 3년 가까이 하고 있다.

　미술 선생님 공방에 함께 계시는 작가님이 개인전을 열었다. 코로나 이후 처음으로 여는 개인전이라 나도 그분의 개인전을 축하드리기 위해, 갤러리에 방문했다. 그리고 그곳에서 그분의 지인을 여럿 만났다. 서로 가볍게 인사와 자기소개를 하고 이야기꽃을 피웠다. 그러던 중 한 분이 나에게 혹시 작가냐고 질문을 했고 난 3년이 채 되지 않는 기간 동안 미술 수업을 매주 꾸준히 수강하고 있는 평범한 일반인이라고 답했다. 나의 대답을 들은 작가님은 내가 작가가 아님에도 오랫동안 수업을 받은 사실에 놀라워하면서, 어떻게 그 긴 시간 동안 꾸준히 그림 수업을 받았느냐고 물었다. 그 말을 하며 작가님은 나를 놀라워하는 눈빛으로 보셨고, 난 그 관심이 불편했다. 그분의 관심이 불편한 게 아니었다. 열심히 그림 공부를 한 나의 동기가 그분이 생각하는 것처럼 그림에 대한 순수한 열정이 아니었기 때문이었다.

결혼 생활과 이혼을 겪으면서 감정이 롤러코스터를 타면서 방황하던 나에게 미술 공부는 선택이 아닌 필수였다. 살기 위해 미술 공부를 했다. 내 주위의 사람들을 피해서 도망쳤지만, 사람들의 온기가 그리웠다. 하지만 그 작가님께 나의 민낯을 보여줄 용기가 없던 나는 그저 '자존감 올리기 프로젝트였다'며 에둘러서 말하고 말았다.

하지만 그 경험이 나에게 부정적인 영향만 준 건 아니었다. 그때의 경험이 있었기에 인생 문제를 다시 풀 수 있었다. 스스로 빚어낸 인생 모범답안에서 벗어났고 인생은 객관식이 아닌 주관식 문제라는 걸 깨달았다. 미술 수업을 하면서 나와 다른 삶을 살아가는 사람들을 만날 수 있었고, 나와는 전혀 관계가 없을 것이라 생각했던 예술가분들과 친분을 쌓게 되었다. 그리고 그런 경험들을 통해 예술인들의 삶을 엿보게 되었으며, 나 또한 예술가로서의 삶을 살아보려고 시도하게 되었으니 이 정도면 부정적인 영향보단 긍정적인 영향이 더 많은 것 같다.

삶의 정답이 결코 객관식일 수 없음을 이제는 안다. 나만의 방식으로 다시 풀어보니 내 삶이 조금은 더 여유로워진 것 같다.

전국 연예 시험

1. 생일선물에 감동한 아내가 포옹해
   주려고 할때 맞는 행동은?
   ✓① 가족끼리 그러는거 아니라며 정중히 거절한다.
   ② 사랑을 담아 함께 포옹해 준다.
   ③ 포옹해 주면서, 용돈을 올려달라 한다.
   ④ 아내에게 무릎 꿇고 몰래 구매한 플스를
      꺼내고 잘못했다 용서를 구한다.

2. 아내가 대화 도중 갑자기 '나 살쪘게 같아?'
   라고 물어봤을 때, 적절한 답변을 100자내로
   짧게 거술 하시요.

살찌죠

범인모

삶의 정답이 결코 객관식일 수 없음을 이제는 안다.

다시 한번 젊은이

친한 멘토에게 '젊은이'의 어원에 대해 들은 적이 있다. 젊은이란 저를 묻는 이 즉, 자기 자신에 대해 끝없이 질문을 하는 사람이라고 했다. 그 말에 의하면 누구나 끊임없이 나에 대해 물어보면 다 젊은이인 것이다. 되돌아보면 10대의 나는 아무런 꿈이 없었다. 그저 대학에 가는 것이 내 목표였고 대학에 가면 모든 것들은 알아서 흘러가고 난 행복한 삶을 살 거라고 생각했다. 20대에는 꿈을 쫓았다. 꿈이 없었고 그렇기에 꿈을 찾아 쫓아다녔다. 그리고, 세상을 바꿀 수 있는 그런 근사한 꿈을 찾으려 노력했다. 30대에는 꿈을 찾았고 그 꿈을 향해 세상에 나아갔다. 그렇게 내가 생각한 세상을 *바꾸는* 삶에 한 발자국만이 남아 있었다.

그런데 바로 그때, 난 그 한 발자국을 나아가지 못하고 바닥이 보이지 않는 바닥으로 떨어졌다. 한 발자국을 나아가려는 그 순간 사랑을 했고, 그 사랑을 지키기 위해 나 스스로 내 앞에 있던 사다리를 발로 차 버렸다. 물론 후회는 없다. 왜냐하면 내 앞의 그 꿈보다 새로 찾은 꿈이 더 밝게 빛났기 때문이다. 하지만 새로 찾은 꿈이 너무 밝은 나머지 눈이 멀어 버렸고 그렇게 발을 헛디뎌 끝이 보이지 않는 절벽으로 떨어져 버렸다.

떨어진 바닥은 너무나도 아팠다. 게다가 완충작용을 할 수 있는 쿠션도 없어서 모든 충격을 내 몸으로 온전히 다 받아들여야 했다. 고통이 너무 큰 나머지 난 숨도 제대로 쉬지 못하고 누워서 고통에 몸부림쳤다. 그리고 바보 같은 나의 선택을 자책했다. 그렇게 난 나이 들어갔고 초라한 어른이 되었다.

그러다 문득 전에 들은 '**젊은이**'의 의미를 다시 떠올렸다. '저를 묻는 이'. 난 내가 더 이상 젊은이가 될 수 없을 거라고 생각했다. 그리고 더 이상 나에게 꿈은 없다고 생각했다. 그렇게 살아가려고 할 때쯤 멘토에게 전화가 왔다. 다시 스스로에게 질문을 하고 움직이라고. 무섭고 두려워서 그의 말을 거부했다. 하지만 그 말을 거부할수록 내 안에서는 나 자신에 대한 질문이 계속 쏟아지고 있다.

그래서 다시 한번 젊은이가 되어보자고 생각했다. 나를 묻고 아픔과 실패의 경험으로 성숙해진 40대의 젊은이가 되어보기로……. 40대의 꿈을 찾아보기로……. 급하지 않게 천천히 찾아가기로 말이다.

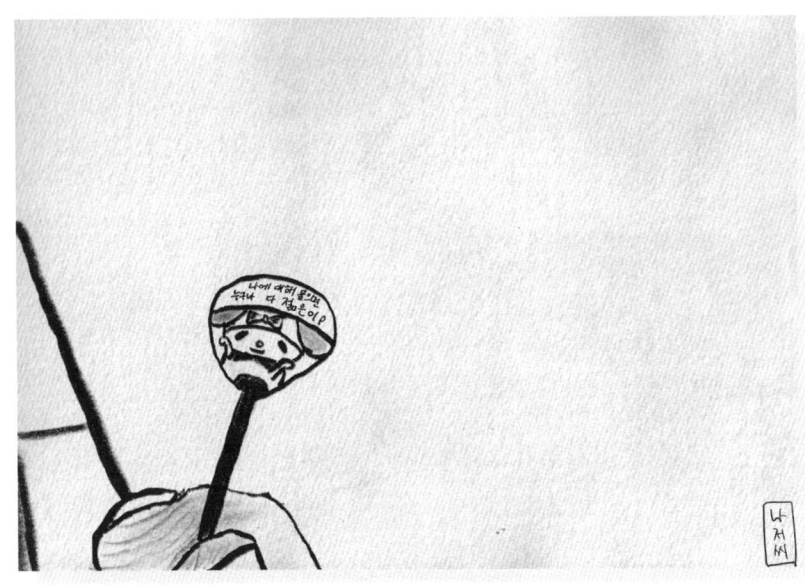

‘나’에 대해 물으면, 누구나 다 젊은이!

Bravo my life

중년의 나이에 아이 없이 이혼한 사람의 가장 큰 걱정은 무엇일까? 다양한 것이 있겠지만, 나에게 있어서는 '퇴직 이후의 삶'이었다. 이것 역시 노후 대비라고 하면 노후 대비이겠지만, 백세시대인 요즘 세상에서 60세는 아직 사회생활을 활발하게 할 나이이기에 노후 대비라는 말보단 '퇴직 이후의 삶'이라는 말을 사용하고 싶다.

생각보다 나는 '퇴직 이후의 삶'에 대해 빨리 고민했는데, 그 이유는 어머니의 '암 확진' 판정 때문이었다. 내가 이 글을 쓰는 날을 기준으로 한 달 전에 어머니가 암 확진을 받으셨다. 이미 전이가 뼈까지 돼서 오른쪽 어깨가 골절되었고 거동이 어려운 상황이다. 지방에 계신 어머니가 암 치료를 받으시는 게 쉽지 않아, 내가 어머니 병원 치료를 맡아서 하고 있다. 물론 이것도 아이와 아내(보통 '가족'이라 부르는)가 없어서 좀 더 적극적으로 맡아 할 수 있는 것 같다. 아무튼 어머니는 보통 진료를 받고 나시면, 일주일 정도를 집에서 머물다 가신다.

어머니는 오른손잡이신데, 오른쪽 어깨가 탈골되고, 암으로 인한 고통으로 인해 첫 병원 검진이 있던 날부터 3일 정도는 내 도움이 없이는 침대에서 일어날 수도 없었다. 그만큼 몸이 쇠약해지셨다. 또, 오른쪽 손을 사용하지 못하게 되면서, 항상 하시던 요리, 청소 등을 하지 못해 매번 미안해하셨다. 내 수발만 받으시면서 한편으로는 고마워하시고 또 다른 한편으론 미안해하셨다.

어머니가 아프신 것을 보고 나서, 머릿속으로만 생각했던 '퇴직 후의 삶'이 현실로 다가왔다. 나도 이제 강산이 한

번 반 정도 바뀌는 시간이 지나면 퇴직을 하게 되는데, 지금부터 준비해야겠다는 생각이 강하게 들었다. 퇴직금을 받고 국민연금을 받는다 해도, 혼자 살면서 모아둔 돈도 거의 없는 나로서는 퇴직 후에도 경제 활동을 꾸준히 해야 한다고 생각했다. 경제 활동은 나에게 재정적인 필요도 충족시키지만, 꾸준한 사회활동을 통해 사람들과 교류하면서 좀 더 건강한 삶을 살 수 있는 토대가 될 것이다(최악의 경우, 이를테면 내가 큰 변고가 생기게 될 때 누군가 나의 부재를 인지하고 도움을 받을 수 있지 않을까 하는 바람도 섞여 있다).

그렇다면 퇴직 후 나는 무엇을 하면서 살까? 가장 쉬운 접근은 하는 일의 전문성을 살리는 것일 테다. 하지만 안타깝게도 내가 현재 하는 일은 퇴직 후 전문성을 살려 일할 기회를 얻기 쉬운 직종이 아니다. 이렇게 된 거 처음부터 다시 생각해 보기로 했다. 이왕이면 좀 더 사회적이면서 능동적이고 다가오는 인공지능 시대에 대비해 살아남을 수 있는 것을 하고 싶다고 생각했다. 그렇게 찾은 답은 바로 '아날로그(과거로의 회귀)'였다.

과학기술이 발달할수록 다른 한편에서는 점점 더 아날로
그 감성을 그리워할 것이라는 생각에, 그러한 사람의 감성
을 자극하는 것을 해보고 싶다는 생각이 든 것이다. 그렇게
생각하니 자연스레 취미생활로 하던 그림 그리기가 새로운
관점으로 보이기 시작했다. 그림 그리기야말로 대표적인 아
날로그 취미라 생각되었다. 하지만 그림만으로는 무언가 부
족하다고 생각했다. 바로 글씨였다. 아날로그 대표 감성인
글씨와 그림은 떨어질 수 없는 관계라고 생각했다. 그래서
캘리그라피도 함께 시작했다. 그렇게 그림과 캘리그라피를
배우기 시작하니 언젠가부터 내 마음속엔 더 큰 욕심이 생
겼다. 일반인이지만 개인전을 열어보고 싶은 마음이 일었
다. 나의 그림과 캘리그라피 작품을 다른 이에게 보여준다
는 게 부끄럽지만, 용기를 내기로 했다. 다가올 나의 '퇴직
후 삶'을 준비하기 위해서 말이다. '퇴직 후에는 지금 하는
일을 벗어나서 새로운 분야를 개척하고 끊임없이 사람들과
교류하면서, 나의 건강과 삶을 살아가고 싶다'라는 마음을
갖고 개인전 공간을 구해서 계약금까지 지불해버렸다. 저지
르지 않으면 생각만 하다 끝날 것 같아, 배수의 진을 쳐버린

것이다(그 덕분에 개인전에 전시할 작품들을 준비하면서 다가오는 데드
라인에 쫓기는 상황이지만, 후회는 없다).

　개인전을 준비하는 대담한 꿈을 꾸고 있는 나에게는 한가
지 꿈이 더 있다. 바로 퇴직 후 다양한 연령의 사람들이 자유
롭게 교류하는 '아날로그 공방'을 만드는 것이다. '공방'을 만
들어 다양한 연령대의 사람들과 교류하면서, 그들이 그림과
글씨 그리고 글을 쓸 수 있는 공간을 만들고 싶다는 꿈이 생
겼다. 이 꿈을 갖게 되자, 또 한 가지 아이디어가 떠올랐다.
그건 바로 '요리'였다. 영화 〈심야식당〉처럼 아늑한 곳을 만
들고 싶어진 것이다. 그렇게 요리를 시작하게 되었지만, 요
리는 또 다른 도전이었다. 태어나서 요리를 해본 적 없는 나
에게는 그림이나 캘리그라피보다 더 큰 벽처럼 느껴졌다.

　그렇지만 이런 두려움과 걱정의 벽을 무너뜨릴 수 있는
한 가지 무기가 나에게 있다. 바로, '고민하지 않고, 우선 저
지르는 것'이다. 요리학원에 등록해서 요리의 기초부터 배
웠다. 처음엔 부엌칼도 제대로 못 들어 손을 베기 일쑤였지

만, 포기하지 않고 2달 동안 집중적으로 요리의 기본을 배워 나갔다. 처음엔 '요리에 재능이 없는 내 실력'을 보면서, 낙담하고 포기하고 싶은 생각이 들었지만, 포기하지 않고 집에서도 요리 연습을 하면서 점점 요리에 재미를 붙여 나갔다. 요리학원에서 한식의 기초를 배우고, 칼질과 재료 손질에 대한 기본자세를 배웠다. 그리고 유튜브를 보면서 다양한 요리를 따라 만들었고, 이젠 제법 그럴싸하게 음식을 만들 수 있게 되었다.

오징어 뭇국, 제육볶음, 메추리알 조림, 달래장, 샐러드, 잠봉뵈르, 그릭요거트, 베이글 샌드위치, 두부조림, 된장국, 김치찌개 등을 집에서 만들어 먹기 시작했다. 아직은 요리 초보이지만, 꾸준히 도전하고 있다. 내가 퇴직하는 순간에는 마치 〈심야식당〉 주인처럼 공방 수강생분들이 좋아하는 요리를 뚝딱 만들어 낼 수 있는 사람이 될 수 있도록 말이다.

하고 싶은 이야기가 많아 글이 너무 길어졌다. 이제 이 글을 마무리하려 한다.

이혼해서 혼자 살고 있다면 퇴직 후 살아갈 40년을 준비하자! 평생 일을 해온 사람들이라면 특히, '일거리'가 없다는 것이 새로운 고난의 시작이 될 수 있다. 한 가지 더, 혼자 살면 날 돌봐줄 사람이 없으니, 다양한 사회활동을 통해 주변 사람들의 도움을 받는 것도 좋겠다.

이혼은 실패도 아니고 혼자도 아니다. 내가 어떻게 사느냐에 따라 이혼은 축복이 될 수도 있다.

나는 오늘도 해가 지는 하늘을 보면서 외친다.

"하나도 즐겁자!"

이혼은 실패도 아니고 혼자도 아니다.

나저씨의 B컷 고백

　유명 화보집을 보면 B컷 사진들이 있다. 작품에는 쓰이지 않았지만, 작품에 쓰일 만큼 충분히 좋은 사진들 말이다. 나에게도 이 책에서 미처 다루지 못한 여러 B컷 이야기들이 있는데, 그중 하나를 꺼내보려 한다.

　내 책을 읽은 독자들이라면 내게 이성친구 A가 있다는 걸 알 것이다. 그런데 친구 A와 좀처럼 가까워지지 못하는 나를 보고 "이해가 안 간다"라거나 "사실 사귀는 게 거짓말 아니냐"고 생각하는 분들도 있을 거라는 걸 잘 안다. 그래서 여기서 내가 친구 A와 쉽게 가까워지지 못하는 이유를 털어놓고자 한다.

　친구 A(앞으로 '하짱'이라 부르겠다)와는 벌써 3년 가까이 알고 지내고 있다. 서로 바쁘다 보니 자주 만나지는 못하지만, 그래도 꾸준히 만나는 걸 보면 보통 인연은 아닌 것 같다. 하짱이 나와 더 가까워지고 싶어한다는 걸 느꼈지만, 문제는 내가 하짱에게 다가갈 수 없다는 것이다.

　여기엔 이유가 있다. 결론만 먼저 말하자면, 하짱의 이름이 전처의 이름과 같기 때문이다. 더 재밌는 건 이름뿐만 아니라 성까지 같다는 것이다. 동명이인인 셈이다.

　상황이 이렇다 보니 내 의도와는 상관없이 하짱에 대한 마음이 쉽게 열리지 않았다. 그래서 하짱과 만난 지 3년이 넘은 시점에서야 가끔씩 하짱의 이름을 부를 수 있게 되었다. 하짱에게는 미안하지만, 하짱의 이름을 부르면 하짱과 전 처의 얼굴이 겹쳐 보였고, 순식간에 내 마음이 닫혀버렸다. 그래서 초창기에는 이름을 부르지 못해 하짱에게 직접

다가가서 얼굴을 보고 이야기하곤 했다.

제3자 입장에서 보면 재미있을 수도 있지만, 나에게는 심각한 일이었다. 하짱과의 관계가 가까워지려 하면, 나도 모르게 하짱으로부터 거리를 두려고 했다.

그러던 어느 날, 하짱이 내게 물었다.

"넌 왜 내 이름을 안 불러?"

하짱의 질문에 숨이 턱 막혔다. 꿈에서도 피하고 싶었던 상황이 온 것이다. 하짱이 처음 질문했을 때는 아무 말도 하지 않았다. 아니, 하지 못했다. 그리고 하짱의 눈을 피했다. 하짱은 그런 내 행동을 보고 실망하는 표정을 지었다.

이대로 오해해서 헤어지면 하짱과의 만남도 끝날 거라는 걸 직감한 나는 용기를 냈다. 그리고 하짱을 보고 말했다.

"내가 하는 얘기 화내거나 웃지 말고 들어 줘. 사실 내가 하짱 이름을 부르지 못한 건, 하짱 이름이 내 전처 이름과 똑같아서야."

이 말을 들은 하짱은 좀 놀라는 듯했다. 하지만 내 설명이 그녀의 궁금증을 완벽히 풀어주지는 못하는 눈치였다. 그래서 용기를 내어 한 마디를 더 보탰다.

"이름만 같으면 이 정도는 아닐 텐데, 사실 성까지 같아."

이 말을 듣자 하짱은 믿기지 않는다는 표정으로 나를 바라보며, 어이가 없는지 헛웃음을 지었다. 하짱의 반응이 잘못된 건 전혀 없다. 나라도 하짱 입장이라면 믿기지 않을 테니까.

"나도 여러 번 하짱 이름을 부르려고 했는데, 동명이인이다 보니 네 이름이 불러지지 않더라고."

하짱은 내 설명을 듣고 납득한 얼굴로 고개를 끄덕였다.

"그래서 지금까지 이름을 못 부른 거구나? 그럼 조만간에도 내 이름을 불러줄 일은 생기지 않겠네?"

하짱이 내게 묻자, 난 대답을 하지 못하고 고개만 끄덕였다. 이제 하짱과의 만남도 끝이겠구나 하는 생각에 서글픈 기분이 되었다.

그때 하짱이 내게 말했다.

"그럼 네가 편하게 내 이름 불러줄 때까지 기다려줄 테니까 충분히 시간을 가져. 하지만 계속 내 이름을 부르지 못하고 인칭대명사를 쓸 수는 없잖아. 그러니까 앞으로는 날 '하짱'이라 불러줘."

내 예상을 뒤집는 이야기를 한 것도 모자라, 자기 별칭까지 만들어서 불러달라 요청하는 하짱의 반응은 내 예상 밖이었다. 예상치 못했던 하짱의 반응에 당황해서, 난 더듬거리며 말을 이었다.

"하…… 하짱?"

내가 의아해하자, 하짱이 웃으면서 내게 말했다.

"내가 하와이를 좋아해. 그러니까 하짱이라 불러줘."

그렇게 하짱과 나의 풀리지 않던 오해는 풀렸고, 그렇게 서로의 관계가 한 발짝 더 가까워지는 계기가 되었다. 내가 하짱으로 친구 A를 부르게 된 지 몇 주 후, 하짱은 하와이로 어머니와 조카를 데리고 여름 휴가를 떠났다. 그래서 이 글을 쓰고 있는 순간 하짱은 가족과 하와이에 있고, 난 한국에서 회사에 다니고 있다.

오늘도 난 아침부터 뜨거운 햇살을 받으면서 회사에 출근해서, 사무실에서 하짱에게 문자를 보낸다.

"하짱, 여기는 엄청 덥다. 하와이는 어때?"

간단한 내 질문에 하짱은 사진과 함께 회신을 보냈다.

"하와이 너무 좋다. 다음번엔 같이 오자."

하짱의 문자에 난 마음속으로 답장을 쓰고 전송 버튼을 누른다.

"그래."

하나도 괜찮아! 하나도 즐겁자!

언제나 네 편이 되어줄게

나저씨의 이혼일기

초판 1쇄 인쇄	2025년 11월 4일
초판 1쇄 발행	2025년 11월 13일
지은이	나저씨
펴낸이	이장우
책임편집	송세아
디자인	theambitious factory
편집 제작	안소라 김소은
관리	김한다 한주연
인쇄	KUMBI PNP
펴낸곳	도서출판 꿈공장플러스
출판등록	제 406-2017-000160호
주소	서울시 성북구 보국문로 16가길 43-20 꿈공장 1층
이메일	ceo@dreambooks.kr
홈페이지	www.dreambooks.kr
인스타그램	@dreambooks.ceo
전화번호	02-6012-2734
팩스	031-624-4527

* 저자 고유의 '글맛'을 위해 맞춤법 및 표현 등은 저자의 스타일을 따릅니다.

이 도서의 판권은 저자와 꿈공장플러스에 있습니다.
이 책은 저작권법에 의해 보호받는 저작물이므로 무단전재와 무단복제를 금합니다.

ISBN	979-11-993697-9-5
정가	16,700원